SIX MOIS EN ITALIE

EN 1863

DE

PALERME A TURIN

Lettres à un Ami

PAR JULES LOGEROTTE.

PARIS

MICHEL LÉVY FRÈRES, LIBRAIRES ÉDITEURS

Rue Vivienne, 2 bis, et Boulevard des Italiens, 15

A LA LIBRAIRIE NOUVELLE

1864

DE PALERME A TURIN

EN 1863.

SIX MOIS EN ITALIE

EN 1863

DE

PALERME A TURIN

Lettres à un Ami

PAR JULES LOGEROTTE.

PARIS

MICHEL LEVY FRÈRES, LIBRAIRES ÉDITEURS

Rue Vivienne, 2 *bis*, et boulevard des Italiens, 15

A LA LIBRAIRIE NOUVELLE.

1864

INTRODUCTION.

Le ciel italien n'est pas toujours d'azur : les étrangers trouvent souvent à Florence et à Rome l'hiver qu'ils croyaient fuir en franchissant les Alpes. Ils s'épargneraient une déception pénible si, prenant à Marseille les excellents bateaux des Messageries, ils allaient, après deux jours de mer, débarquer d'abord à Palerme. Nul lieu n'est plus propice que celui-là pour servir de point de départ à une excursion entreprise en Italie, dans la saison des brouillards et des neiges ; la Sicile a gardé le printemps éternel qu'y ont placé les vieux poëtes.

Le soleil reprend sa force et son éclat pendant que vous visitez l'île célèbre, et quand vous la quittez pour remonter lentement à travers la Péninsule, vous retrouvez tour à tour à Naples, à Rome, à Florence, la température clémente qui, du midi au nord, a successivement envahi l'Italie tout entière. Ainsi, la route commencée aux premiers jours de l'hiver sous les orangers en fleurs de Palerme se termine, quand vient l'été, sous les treilles parfumées de Turin. J'ai, en 1863, suivi cet itinéraire; j'avais, à des époques diverses, parcouru le pays qui s'étend des Alpes à l'Etna, et jamais ces belles contrées ne m'avaient semblé aussi belles qu'en ce dernier voyage, accompli pendant une longue série de printemps non interrompus.

La vie puissante qui agitait la nature, animait aussi les habitants de cette terre aimée du ciel. Le renouveau était partout, sur le flanc des montagnes et dans le cœur des hommes. Un souffle fécond avait passé sur la nation longtemps endormie, et de Palerme à Turin éclatait à chaque pas le grand spectacle d'un peuple sortant du tombeau, où ses ennemis le croyaient à jamais enfermé. Cette renaissance morale donne aujourd'hui un intérêt tout viril au voyage d'Italie et lui imprime un caractère qu'il ne pouvait avoir autrefois. L'étranger allait au-delà des monts chercher un beau ciel, des monuments antiques et des musées. Les merveilles de l'art, les œuvres mortes lui cachaient les vivants, et s'il daignait les voir, ce n'était que pour lancer une parole amère ou railleuse à la race déchue qui vivait à l'ombre des grandes ruines.

Ce mépris superbe n'est plus de saison : l'homme a repris la place qui lui appartient, et ses aspirations, ses efforts et ses luttes passionnent aujourd'hui les cœurs qu'absorbaient jadis les œuvres du passé.

Si dans ces lettres il est peu parlé des arts, ce n'est point barbare indifférence pour l'immortelle parure des cités italiennes ; c'est qu'en ce voyage, fait au milieu des émotions civiles, j'ai regardé la terre des vivants de plus près que celle des morts.

Contempler paisiblement, admirer sans partage des statues, des fresques, des tableaux, quand s'agitent les passions les plus ardentes, alors qu'un peuple vient de naître et grandir, ne serait-ce pas témoigner à la nature humaine une froideur touchant au dédain, aux beaux-arts un dilettantisme de rhéteur byzantin, dont il n'y aurait nul mérite à se sentir capable? L'Italie n'est plus, comme autrefois, tout entière dans ses musées et ses souvenirs, elle est sur la place publique, dans son parlement, dans son armée, sa garde civique, dans les âmes palpitantes de ses fils qui veulent devenir les citoyens respectés d'une nation libre et forte. C'est ce pays ému et frémissant que regarde et voit l'étranger.

Le travail de résurrection qui s'accomplit ne date pas d'hier, il est depuis des siècles préparé par les plus nobles esprits de cette terre fertile en grandes intelligences. Ses hommes les plus illustres, ses philosophes, ses historiens, ses poëtes, ont demandé avec une égale ardeur l'expulsion des barbares et l'unité de la patrie. Que l'antique valeur renaisse, disait Pétrarque, l'ami du tribun Rienzi, et le combat sera court. *Puzza questo barbaro dominio!* s'écriait Machiavel dans ce beau chapitre du *Prince*, où, flagellant la domination étrangère, il fait un appel prophétique au créateur et au libérateur de l'Italie. Cette tradition du génie n'a jamais été interrompue; elle s'est de nos jours continuée avec une énergie et un éclat qui donnent un caractère de singulière grandeur à la littérature contemporaine dans la Péninsule. Les plus célèbres écrivains ont été des patriotes, des soldats inspirés d'une noble cause. C'est dans l'exil qu'ont écrit les Foscolo, les Berchet, les Mamiani, les Gioberti. C'est au milieu des plus cruelles souffrances qu'un des plus grands poëtes du siècle, Giacomo Leopardi, a écrit des vers sublimes d'inspiration et de sentiments généreux.

L'Italie a été sa grande inspiratrice. Ce n'est pas à une ville, à une province, c'est à la patrie entière qu'il adresse ses exhortations passionnées, quand il s'écrie :

In eterno perimmo? e il nostro scorno
Non ha verun confine?
Io meutre viva andrò sclammando intorno :
Volgiti agli avi tuoi, guasto legnaggio;
Mira queste ruine
E le carte e le tele e i marmi e i templi;
Pensa qual terra premi ; e se destarti
Non può la luce di cotanti esempli,
Che stai? Levati e parti.
Non si conviene a si corrotta usanza
Questa d'animi eccelsi altrice e scola :
Se di codardi è stanza,
Meglio lè rimaner vedova e sola.

« Sommes-nous morts pour toujours! et notre honte n'a-t-elle aucune borne ? Pendant que je vivrai, j'irai criant de toute part : Tourne-toi vers tes aïeux, race avilie; regarde ces ruines, et les livres, et les tableaux, et les statues, et les temples! Pense quelle est la terre que tu foules, et si l'éclat de si grands exemples ne peut te réveiller, pourquoi restes-tu ici? Lève-toi et pars. Elle ne peut servir à un usage aussi corrompu, cette nourricière et cette école de grandes âmes. Si elle est l'asile des lâches, mieux vaut pour elle de rester veuve et seule. »

C'est l'âme de tous les Italiens que Leopardi voudrait embraser du feu sacré qui le brûle; quand le poëte, qu'on ne saurait trop citer en France, où il est à peine connu, dit, dans un élan sublime d'enthousiasme patriotique :

INTRODUCTION.

Nessun pugna per te? Non ti difende
Nessun de tuoi? L'armi! qua l'armi! Io solo
Combatterò, procomberò sol io.
Dammi, o ciel, che sia foco
Agli italici petti il sangue mio.

« Personne ne combat pour toi? Aucun des tiens ne te défend? Des armes! ici, des armes! Moi seul je combattrai, je succomberai moi seul. Fais, ô ciel, que mon sang soit du feu qui enflamme les poitrines italiennes. »

Les généreux accents de Leopardi, les vers satiriques du Florentin Giusti, les tragédies anticléricales de Niccolini, l'énergique histoire de Colletta, le Tacite napolitain, et un grand nombre d'autres œuvres puissantes, ont exalté la génération actuelle et l'ont préparée aux événements qui s'accomplissent dans la Péninsule. Les grandes voix qui, depuis Pétrarque et Machiavel, n'ont cessé de demander l'indépendance, montrent que la révolution qui s'achève au-delà des Alpes est depuis longtemps en marche, et que dans les siècles passés, comme de nos jours, elle a toujours eu pour apôtres les plus grands hommes de la terre italienne.

Un homme d'une intelligence puissante, l'infortuné comte Rossi, avait reconnu avec une perspicacité remarquable le mouvement qui s'opérait quand il disait en 1845 : « Dans dix ans, vingt ans, il n'y aura pas dans les États italiens, un homme, une femme, un fonctionnaire, un magistrat, un moine, un soldat, qui ne soit avant tout national. » La révolution est descendue des haut sommets; elle s'est, avec sûreté et lenteur, répandue sur toute la nation.

Les constants efforts des grands esprits ont été longtemps paralysés par une sorte de fatalité historique. Deux fantômes, la théocratie universelle et le saint-empire romain, ont longuement hanté les imaginations italiennes; les illusions, les rêves des Guelfes et des Gibelins ont arrêté pendant des siècles le développement populaire de l'idée de nationalité. Le fantôme théocratique a fait une dernière apparition en 1847, quand Pie IX proclama au milieu d'un enthousiasme immense une amnistie et des réformes. L'Italie crut que le pape national si longtemps attendu lui était enfin donné; elle fut guelfe encore une fois. Erreur de courte durée! Deux résolutions du pontife vinrent bientôt démontrer aux plus aveugles le caractère antinational de la papauté. Pie IX refusa de combattre les Autrichiens, et quand Rome eut rejeté le pouvoir sacerdotal, le plus honnête, le plus doux des papes appela, pour remettre ses sujets sous le joug, les armées du Nord et du Midi, de l'Orient et de l'Occident. A la voix du pontife, Français, Espagnols, Autrichiens envahirent les États soulevés, et frayèrent à Pie IX la route qui l'a ramené dans le domaine de saint Pierre. La déception des Italiens fut aussi grande que leurs espérances avaient été illimitées; mais l'épreuve n'a pas été inutile, elle a du même coup chassé l'illusion guelfe, et tué le pouvoir temporel. Le gouvernement romain n'a plus qu'une existence de convention, et il est devenu proverbial en Europe de dire que l'apparence de vie qu'il conserve cessera le jour où l'armée française quittera la ville éternelle.

Le saint-empire avait vu, dans les temps modernes, diminuer son prestige. Les Autrichiens, ses héritiers, avaient remplacé par la force matérielle l'influence amoindrie du César allemand ; ils étaient arrivés à exercer dans la Péninsule, par leurs armes et par les princes soumis à leur politique, une puissance que n'avait jamais possédée l'empereur germanique. Le Piémont seul faisait obstacle à leurs projets. La glorieuse campagne de Lombardie a diminué, mais n'a pas détruit leur force. Les Autrichiens, maîtres de Venise et du quadrilatère, sont une menace incessante. Ils doivent quitter ou occuper l'Italie tout entière. Les exactions et les cruautés qu'ils ont commises depuis 1815 les ont rendus odieux aux populations, ils ont porté le dernier coup à la vieille idée qu'ils représentaient ; il n'y a pas un Gibelin en Italie, le Tudesque est pour tous l'ennemi national, il n'a d'autre influence que celle que lui donnent ses soldats et ses forteresses.

Les Italiens, guéris, par l'excès même de leurs maux, des longues illusions dont ils ont si cruellement souffert, ont cessé d'être Guelfes ou Gibelins, ils sont simplement Italiens. Fidèles à la politique de leurs grands hommes, ils se sont ralliés autour d'un roi honnête homme qui avait donné d'égales garanties à l'indépendance et à la liberté. Ils marchent avec audace et prudence, avec habileté et résolution vers l'unité dont ils ont fait le but de leurs aspirations et de leurs efforts.

Le grand caractère d'une révolution préparée par une longue lignée d'esprits puissants a été le respect profond de la liberté. C'est sur la liberté que s'est appuyé le Piémont pour soulever la Péninsule; c'est sur elle que s'appuient les hommes qui gouvernent l'Italie, pour la pousser vers ses destinées nouvelles. La liberté est partout, à Palerme comme à Florence, à Naples comme à Turin; il suffit, pour n'en pas douter, de lire quelques-uns des nombreux journaux qui sont publiés chaque jour dans les villes petites et grandes. Les provinces du Midi et du Centre, si longtemps courbées sous un joug odieux, se façonnent avec un sens remarquable aux mœurs civiques, et le pays entier, après quelques années d'épreuves, pratiquera le régime constitutionnel avec intelligence et fermeté.

La France ne peut voir avec indifférence la résurrection d'une grande race ; l'unité italienne, née d'un vaste mouvement de l'esprit, apportera aux idées de nationalité et de liberté une force matérielle et morale considérable ; elle servira de contre-poids aux coalitions absolutistes qui tentent sans cesse de se former dans le Nord ; elle prouvera que les races latines peuvent se gouverner elles-mêmes. Les arts renaîtront dans le pays dont ils ont été la gloire. Délivrée des influences néfastes qu'ont fait peser sur elle une théocratie énervée et des dominations étrangères entachées de barbarie, l'Italie retrouvera les qualités natives de son génie, et la terre, *alma parens*, qui, au milieu de ses plus cruelles angoisses, n'a jamais été stérile, donnera au monde une nouvelle Renaissance.

Paris, juillet 1864.

DE PALERME A TURIN

EN 1863.

LETTRE PREMIÈRE.

Palerme, janvier 1863.

La Sicile, que gardaient autrefois ses écueils, est maintenant abordée sans périls. La grande ennemie des aventures et des odyssées, la vapeur, a rompu les derniers enchantements de la mer Tyrrhénienne, elle se joue de ces flots sur lesquels erraient des années les navigateurs homériques, et le voyageur emporté par elle explore en quelques heures des parages que des mois ne suffisaient pas à parcourir. La traversée de Marseille en Sicile s'accomplit en deux jours environ. Le bateau des Messageries qui touche à Palerme, parti des nouveaux bassins de la Joliette un samedi à 2 heures, arrivait au port le lundi suivant dans la soirée. La ville occupe une situation ravissante ; couchée au fond d'un golfe du plus harmonieux contour, elle étend au loin dans une riche plaine ses maisons et ses palais que dominent de nombreux édifices et les dômes élevés des églises. Des jardins d'orangers et de citronniers, des champs de caroubiers et de cactus font à la partie de Palerme qui ne touche pas à la mer une ceinture toujours verte de la plus luxuriante végétation. Le regard est arrêté par de hautes montagnes qui, de leurs cimes dentelées, percent l'azur du ciel : échelonnées sur six rangs distincts, elles ferment entièrement l'horizon du côté de la terre ; leur couleur d'un rouge sombre paraît un reflet du soleil qui les brûle. Ces masses imposantes sont un dernier plan d'une merveilleuse puissance pour l'admirable tableau qui se déroule à leurs pieds.

L'aspect intérieur de la ville est digne de sa beauté extérieure; il frappe par un charme inconnu; le voyageur européen sent qu'il approche de pays qui sont absolument différents de ceux qu'il a quittés. La Sicile, entourée par cette belle mer, qui baigne les rivages des trois parties du vieux continent, paraît avoir retenu de chacune d'elles une impression et un souvenir: première arche du vaste pont jeté par la nature entre l'Europe et l'Asie et dont les îles de l'Archipel grec forment la suite, elle est le premier point où des civilisations diverses se sont rencontrées. Palerme, capitale de l'île, reproduit vivement les contrastes qu'a fait naître une situation géographique privilégiée. Ville européenne encore, elle touche presque à l'Orient; elle est une transition entre Paris et Florence, Constantinople et le Caire: les habitants parlent l'italien, et ils ont le teint basané et le grand œil lumineux de l'Arabe; les plus belles rues sont alignées et larges comme celles de Paris et de Londres; mais les monuments qui les bordent ont parfois l'élégance des constructions mauresques, et toutes les maisons sont ornées de balcons en fer ouvragé qui rappellent les fenêtres grillées du Caire. Dans les jardins, l'oranger vient près des platanes et le palmier s'élève à côté des cyprès.

Toutes les époques historiques et toutes les grandes races ont marqué de leur empreinte l'île célèbre que tant d'événements anciens et contemporains ont signalée à l'attention du monde. Les Grecs y ont laissé des ruines plus admirables que les plus belles œuvres de l'architecture moderne: l'on voit à Palerme de larges édifices, puissants comme des forteresses, bâtis par la féodalité normande, et l'ogive sarrasine, ornée de colonnes légères, s'élance dans des églises qui furent des mosquées et dans des palais qu'habitèrent des émirs.

La variété qu'offrent les monuments se trouve dans les divers types de la figure humaine. Près de la femme dont les cheveux noirs et les yeux éclatants disent l'origine orientale, passe une jeune fille blonde qui fait songer aux dames de la cour du roi Roger, et dans l'intérieur de la Sicile sont des villages dont la population porte le vêtement grec du moyen âge. Ces diversités sont atténuées par le temps et par l'uniformité toujours croissante des costumes; elles n'en donnent pas moins un grand attrait aux promenades faites à l'aventure dans les quartiers populeux de la ville. Ils sont mal pavés et peu ou point balayés; mais ils renferment une vraie fourmilière d'hommes animés, à certaines heures, de ces mouvements exubérants qui doublent la vie dans les contrées méridionales. Des campagnards y poussent, avec de grands cris, d'énormes bœufs ornés de cornes fantastiques; des voituriers conduisent à toute vitesse des chevaux empanachés, traînant des charrettes, dont les planches peintes représentent la Vierge et les saints ombragés du drapeau tricolore; les marchands d'eau fraîche, de poisson, d'oranges usent des intonations les plus aiguës et des paroles les plus douces pour attirer les acheteurs. La foule est à chaque instant traversée par des soldats de toutes armes, par des prêtres de haute mine, par des moines mendiants, des capucins à longue barbe, par des religieux de tous les ordres et de toutes les couleurs.

La population, sous cet heureux climat où 8 degrés au-dessus de zéro sont le dernier effort de l'hiver, vit beaucoup au dehors ; les commerçants sédentaires mettent presque toute leur boutique dans la rue ; les femmes du peuple se peignent volontiers en public ; elles font leur cuisine et lavent leur lessive devant leur porte. Elles ont trouvé un moyen bien simple de faire sécher leur linge ; elles l'étendent sur de longs roseaux ou sur des cordes attachées aux fenêtres des maisons qui se font face. La ville est ainsi pavoisée d'une singulière façon, plus bizarre que gracieuse. Ce ne sont dans les airs que draps et serviettes gonflés par le vent. Les vêtements intimes que les Anglaises ne nomment qu'en rougissant, tendent de tous côtés leurs bras éplorés. Ils flottent souvent sans respect devant une image de la madone, entourée d'*ex-voto*, de cierges et de fleurs. Ces images se voient partout, dans les rues, sur les places, dans les carrefours et les boutiques. Les unes attirent de rares prières, les autres sont en grand honneur ; devant celles-ci, de beaux cierges blancs et de nombreuses lampes brûlent sans cesse, et les fleurs, chaque jour renouvelées, n'ont jamais le temps de se flétrir. Des paysans couverts de peaux de mouton viennent, à Noël, de villages éloignés, invoquer une madone célèbre ; ils lui rendent hommage et la prient en dansant auprès d'elle et en jouant de longs airs de cornemuse. On ne peut s'empêcher, en voyant ce culte naïf, de se souvenir de Cybèle, la mère des dieux, adorée jadis dans la Sicile féconde · on se reporte malgré soi aux chants et aux danses de ses prêtres, les corybantes. Une seule image se rencontre aussi souvent que celle de la madone, c'est le portrait de Garibaldi ; il est partout, dans les établissements publics et dans les maisons particulières, dans les palais et dans les plus simples boutiques. Les uns ont son buste en marbre ou en plâtre ; les autres se contentent d'une modeste lithographie. Il est pour tous la personnification de l'Italie militante. Le peuple qui a besoin de matérialiser une idée pour la comprendre, a fait de cet homme héroïque le symbole de ses aspirations et de sa foi patriotique. Le portrait de Victor-Emmanuel se voit aussi de toutes parts ; il est même dans l'église cathédrale, où le roi, que certains journaux ont dit excommunié, occupe sous un dais une place d'honneur.

Les quartiers populeux ne sont pas fréquentés par le beau monde ; les dames élégantes et les riches équipages ne se rencontrent que dans les deux grandes rues de Tolède et de Maqueda. Pendant la promenade, qui se fait en hiver de 3 heures à 5, ces rues sont encombrées par les voitures, les cavaliers et les piétons. Pavées de dalles larges comme celles de nos églises, bordées de belles maisons et de palais, elles font, par leur propreté et leur bonne tenue, un contraste complet avec les autres quartiers ; elles se coupent en croix et partagent Palerme en quatre parties à peu près égales. La rue de Tolède présente, les jours de fête, un merveilleux aspect. Les balcons sont entourés d'étoffes éclatantes, ils s'illuminent de cierges et de lampes, se couvrent de femmes parées et d'enfants ; une population vive et ardente, ornée de ses plus beaux habits, parcourt la rue qu'elle remplit de ses cris et de ses rires ; les propos les plus gais sont échangés entre la foule et les spectateurs des balcons, la joie éclate sur tous les visages, et la ville entière ne paraît animée que d'une pensée, celle de vivre heureuse sous son beau ciel. C'est dans la rue de Tolède qu'ont eu lieu les manifestations faites en l'honneur de Victor-Emmanuel ; c'est sur ses trottoirs que se réunissent en groupe, devant les cafés, les hommes de tout âge, pour parler de leurs affaires et de celles de l'État.

Théâtre des fêtes et des plaisirs populaires, ce grand centre de la vie palermitaine a souvent aussi vu naître des troubles et s'accomplir des vengeances et des actes coupables. C'est dans la rue de Tolède qu'ont été commis les assassinats qui, il y a trois mois, épouvantèrent la Sicile. Je n'ai pu recueillir que des renseignements incomplets sur des faits bien mystérieux encore. Le 1er octobre dernier, une heure après le coucher du soleil, au moment où la population tout entière quitte ses maisons pour aller respirer au dehors l'air frais du soir, treize assassinats furent commis dans la partie la plus fréquentée de la rue. Les auteurs de ces crimes étaient tous vêtus d'une manière uniforme; ils portaient des vêtements de velours noir et un béret de la même couleur; ils étaient armés d'un poignard. Ils s'approchaient de la personne qu'ils voulaient tuer, en marmottant des prières et en demandant l'aumône. Ils frappaient indistinctement les hommes de toutes les classes et de tous les partis; unitaires, bourboniens, mazziniens ont été également atteints; un batelier de dix-huit ans a été poignardé; le fils d'un ami de Mazzini a été frappé; en quelques instants treize personnes tombèrent. Le massacre ne devait, dit-on, s'arrêter que devant deux cents cadavres. La foule épouvantée s'enfuit de la rue; les coupables auraient pu échapper à la justice, si quelques hommes énergiques ne s'étaient mis à leur poursuite; un assassin fut arrêté le poignard à la main : il a fait des révélations, et vingt-six personnes, parmi lesquelles se trouve le fils d'un noble personnage, ont été mises en prison.

Les *poignardeurs* n'étaient animés par aucun sentiment de vengeance, n'étaient poussés par aucune passion personnelle; émissaires d'une secte, ils remplissaient la mission qu'ils avaient reçue et gagnaient, comme des ouvriers à la tâche, l'argent qui leur était promis. Six piastres (31 francs) étaient le prix de chaque assassinat. Les instigateurs du meurtre ne connaissaient pas ceux qui devaient mourir; les exécuteurs ne les connaissaient pas davantage : le hasard seul désignait les victimes et dirigeait les coups. L'esprit erre confondu quand il cherche les causes d'actes si abominables, et il s'arrête saisi d'épouvante devant l'abîme de démoralisation que supposent la conception et l'exécution de si monstrueux projets. Ces meurtres, froidement accomplis, font rêver à cette sombre divinité indienne que ses adorateurs honorent en répandant la mort autour d'elle.

La population atterrée n'osait pas, les premiers jours qui suivirent ces assassinats, sortir le soir. Des mesures énergiques furent prises. Des postes nombreux de carabiniers, de soldats et de gardes nationaux furent établis dans tous les quartiers, et la sécurité publique reparut ; elle est entière aujourd'hui dans Palerme. L'imagination sicilienne a donné bien des causes à ces crimes dont les vrais motifs sont encore inconnus ; l'opinion la plus répandue est qu'ils sont l'œuvre d'une secte qui voulait jeter le trouble et le désespoir dans les masses, faire croire à une décomposition sociale, et pousser le peuple indigné au renversement de l'ordre de choses actuel.

La lumière se fera bientôt sur cette ténébreuse affaire. Les journaux annoncent que dans le courant de janvier commencera le procès des assassins du 1er octobre. Il est désirable qu'il ne se fasse pas attendre plus longtemps. Le silence qui est gardé dans les régions du pouvoir sur cette affaire, les retards qu'elle éprouve et le mystère qui l'entoure, jettent de l'inquiétude dans les esprits et donnent naissance à d'absurdes suppositions. Les ennemis du gouvernement lui reprochent de n'avoir pas profité de l'état de siége pour faire une justice sommaire; ils rappellent que, quelques jours après les événements de la rue de Tolède, des criminels vulgaires ont passé devant un conseil de guerre et ont été fusillés; ils s'étonnent qu'on n'ait pas soumis à la même juridiction les hommes qui ont terrifié Palerme par l'audace de leurs attentats. Le gouvernement a eu raison de ne pas céder à ces critiques étroites et de ne pas étouffer un crime exceptionnel sous une justice d'état de siége; il était sage de rechercher toutes les ramifications du complot et d'appeler sur tous les coupables le grand jour des débats publics. S'il est des complices puissants, il faut que la justice les atteigne et que leur infamie soit connue. Dans l'intérêt de tous, les soupçons qui ont été conçus doivent devenir des certitudes ou disparaître.

Que les ennemis de l'Italie ne se hâtent pas de crier à la démoralisation des masses populaires; qu'ils ne disent pas, en s'appuyant sur les événements de Palerme, que les races méridionales ne sont mûres ni pour l'indépendance ni pour la liberté; il suffirait, pour leur répondre, de leur montrer les crimes commis chaque nuit dans une autre île que les mœurs, la religion, la race séparent de la Sicile bien plus encore que les mers.

Un des plus lumineux foyers de la civilisation, la capitale de la forte et libre Angleterre, est depuis trois mois terrifiée par les attaques d'une bande d'étrangleurs. Palerme, elle, n'a eu qu'une soirée d'épouvante. Les causes premières de ces crimes ne doivent être recherchées ni dans la race, ni dans la politique, ni dans la religion; les nations les plus diverses offrent le spectacle des mêmes infamies. Les racines du mal sont dans l'ignorance qui fait la nuit dans les âmes, livre l'esprit sans défense à tous les fanatismes, et développe sous toutes les latitudes les instincts pervers des hommes. Si nous ne voulons plus voir le monde effrayé par des attentats semblables à ceux des *poignardeurs* de Palerme et des étrangleurs de Londres, portons sans relâche la lumière dans les masses sombres de la société, élevons-les par une instruction virile et par une religion dégagée de superstitions énervantes. La terre, sans doute, ne deviendra jamais un Éden où fleuriront éternellement les vertus et les fleurs; il se rencontrera toujours des monstres pour rêver des abominations et des massacres; mais ils ne trouveront pas des bandes d'hommes qui changeront leurs pensées sinistres en de terribles réalités.

LETTRE DEUXIÈME.

—

Palerme, janvier 1863.

La douceur du climat et la beauté du ciel de Sicile remplissent l'étranger de la plus agréable surprise, et elles font une réalité charmante du rêve des poëtes qui ont chanté les printemps éternels. La nature ne connaît pas ici les longs mois de sommeil, et des fleurs couvrent sans cesse les jardins et les campagnes. Les hirondelles n'abandonnent jamais l'île tout entière, et on les voit, près de Palerme, voler d'une aile rapide dans le bleu du ciel. L'hiver est, en Sicile, une saison douce qui vient rafraîchir la terre brûlée par les ardeurs de l'été, et rendre leurs eaux taries aux sources et aux fleuves.

Les nuits sont froides, mais les journées, même pendant les mois de décembre et de janvier, sont chaudes souvent et toujours lumineuses. Les temps brumeux et noirs, si fréquents dans nos climats en hiver, ces lueurs crépusculaires qui remplacent le soleil, ne sont pas connus en Sicile ; les nuages ne rampent pas, ils ne s'attachent pas au sol : ils laissent à peine quelques lambeaux aux dernières cimes des montagnes, ils planent au-dessus d'elles. Ils ne restent pas comme une lourde tente dressée entre le soleil et la terre, ils sont bientôt emportés par le vent ou ils tombent en une pluie abondante et courte, et, en peu d'heures, le ciel a retrouvé sa douceur et son éclat.

A la fin de décembre, cependant, un coup de vent venu du nord avait jeté sur la Sicile un froid subit; le thermomètre était descendu à 8 degrés, au-dessus de zéro bien entendu. Il fallait voir comment cette température, qui nous réjouirait fort dans les derniers jours de l'année, était reçue des insulaires; ils déclaraient qu'un rude hiver était arrivé. *Che tempo tremendo!* s'écriaient-ils tout grelottants. Les dames s'enfonçaient dans d'épaisses fourrures, les campagnards étaient couverts de vêtements taillés dans des peaux de mouton, et les gens du peuple portaient sur eux toute leur garde-robe. Hommes et femmes, la tête enveloppée de longues et larges cravates ou entourée de chauds capuchons, ne laissaient voir que leurs yeux brillants, des yeux d'Arabes. Ce froid terrible ne pouvait pas durer longtemps, la Sicile n'y aurait pas résisté ; il a sévi quarante-huit heures, puis la bise a perdu sa force, le soleil a chassé les nuages, et les fenêtres, soigneusement closes, se sont ouvertes de toute part pour laisser entrer dans les maisons et les palais l'ami bienfaisant et fidèle, qui les réjouit et les dore de ses chauds et brillants rayons.

La constante beauté du ciel a exercé sur les usages des Siciliens une naturelle influence. Les plaisirs de la promenade, qu'arrête partout l'hiver, ne sont jamais interrompus dans l'île aimée du soleil, ils ne font que changer de place. En été, les Palermitains vont, le soir, sur un beau quai que bat la vague, respirer la brise de mer ; dans la saison moins chaude, ils se portent en foule, vers 4 heures, au *chemin de la Liberté*. Les gens du monde se rendent tous les jours à ce bois de Boulogne palermitain, et il est bien rare qu'une femme élégante n'y paraisse pas un instant. La haute société y passe tous les jours une sorte de revue d'elle-même. Les piétons, les cavaliers et les voitures s'y pressent en si grand nombre que toute circulation devient souvent impossible. Le rendez-vous favori du beau monde, aux mois de décembre et de janvier, est une route peu longue et peu large, que domine le mont Pellegrino et que bordent des champs superbes d'orangers et de citronniers. Il se déploie, sur cet étroit chemin, un luxe de domestiques, un faste de chevaux et de voitures qui n'existe, à un degré semblable, dans aucune capitale de l'Europe. Les femmes ont adopté les modes françaises, et, à leur grand dommage, remplacé par des chapeaux qu'envoie Paris les voiles et les mantilles nationales. Les hommes suivent les modes de Londres, ils sont d'une tenue irréprochable et ressemblent à de parfaits *gentlemen*. A la coupe exotique de leurs vêtements, à leur barbe et à leurs cheveux bruns, on les prendrait volontiers pour des Anglais teints en noir.

La population palermitaine a un goût très-vif pour la promenade, et toutes les classes de la société prennent part à une distraction dont elles ne se lassent jamais. Les gens du peuple vont dans leur plus beau costume, au *chemin de la Liberté*: l'on y rencontre, en grand nombre, les membres du clergé séculier et des moines de tous les ordres. Les Siciliens aiment beaucoup le mouvement et les fêtes extérieures. Les religieuses elles-mêmes, que le cloître sépare du monde, assistent, des yeux, à des réjouissances qu'elles ne peuvent partager. Les étages élevés de leurs couvents sont garnis de grands balcons grillés où les recluses viennent passer de nombreuses heures, quand la foule remplit les rues. Le dimanche, elles montent souvent aussi sur les hauts clochers de leurs églises, et regardent longuement la mer et la ville dont les murmures confondus arrivent à peine jusqu'à elles. Couvertes de longs voiles blancs, arrêtées entre le ciel et la terre, elles font songer aux messagères divines qu'aux jours mythologiques chantaient les muses de Sicile.

La société élégante, après avoir échangé dans la journée, sur le Cours, des saluts et des sourires, se retrouve, le soir, dans les salons d'un palais ou dans les loges de l'Opéra. Pendant la saison d'hiver, plusieurs maisons sont toujours ouvertes dans le grand monde palermitain. Les réunions qui s'y tiennent s'appellent des *conversazioni* Les antichambres renferment une armée de serviteurs, et le groom imperceptible s'y trouve à côté du gigantesque chasseur. L'invité est reçu à la porte d'entrée par un personnage dont le type se perd en France. Un valet de belle prestance, une canne de tambour-major à la main, se tient debout devant le palais : c'est le Suisse de nos vieux hôtels, qu'a remplacé le vulgaire concierge : il donne accès dans les vestibules et livre le visiteur à d'autres domestiques, qui l'introduisent et l'annoncent dans les appartements de réception. La soirée se passe comme partout en causeries graves et futiles, et il se fait une abondante consommation d'excellents sorbets à la neige et d'eau glacée dont, en toutes les saisons, raffolent les Siciliens. La politique paraît à chaque instant dans les conversations particulières ou générales, mais les émotions et les flammes qui remplissent les esprits ne parviennent jamais à troubler le ton d'exquise politesse des hommes des opinions les plus diverses. L'aristocratie est, à Palerme, souvent frondeuse; mais ses tendances la portent plutôt vers les idées libérales que vers l'absolutisme, et si l'on rencontre dans ses rangs beaucoup de partisans de Garibaldi, on y trouve fort peu de bourboniens.

Les *conversations* ne sont pas les seules réunions qui attirent la société. La ville possède un cercle riche et vaste, le *Casino nuovo*, dont les membres donnent des fêtes brillantes. Il est établi dans un somptueux palais qu'ornent des colonnes de marbre blanc, et que décorent d'excellentes fresques des peintres insulaires le Morrealese et Velasquez. Il n'est, en aucun pays, de club tenu avec un luxe de meilleur goût et mieux fourni de journaux et de publications nouvelles ; il n'en est pas où soit aussi gracieux et aussi cordial l'accueil fait aux étrangers. Les jours de bal, les nombreux invités sont reçus dans de grandes salles admirablement éclairées. Les dames portent des toilettes que ne renierait pas une Parisienne, et les danses qu'elles exécutent sont cosmopolites comme les costumes qui les parent. Le quadrille, la mazurka et la valse sont seuls admis dans les salons; la vive tarentelle et les pas nationaux sont depuis longtemps dédaignés du beau monde, et c'est sous les tonnelles et dans les fêtes populaires qu'il faut aller voir d'alertes Siciliennes se livrer avec passion aux danses ardentes de leur pays. Un bal à Palerme ne différerait en rien d'un bal à Paris, si sur les pâles visages des danseuses ne brillaient de grands yeux noirs, dont les modes étrangères n'ont pu ternir ni l'éclat ni la beauté.

La politique est ici de toutes les fêtes, et les discussions sur les événements qui préoccupent les esprits trouvent place dans les soirées où l'on danse comme dans celles dont la causerie est le but. La funeste affaire d'Aspromonte est un sujet sur lequel on revient fréquemment, et l'on paraît, en général, professer ici pour elle une assez grande indulgence. A l'une des réunions du *Casino* se trouvait un jeune Sicilien que j'avais connu en France. Héritier d'un des plus grands noms de son pays, il avait, en simple volontaire, suivi Garibaldi dans la plupart de ses aventureuses expéditions. Il était à Catalafimi et sur le Vulturne, il était aussi à Aspromonte, et il est toujours prêt à accompagner le chef qu'il aime. Quand le général est tombé blessé, il était à ses côtés et il a été fait prisonnier avec lui. Le jeune volontaire confirme un fait qui n'est plus contesté, c'est que Garibaldi a été frappé quand il ordonnait, avec la plus grande énergie, d'abaisser les armes et s'opposait à toute résistance. Les détachements éloignés du chef, qui ne pouvaient ni entendre sa voix ni comprendre son geste, ont seuls tiré quelques coups de fusil rapidement interrompus; il n'y a pas eu de tentative sérieuse de défense. Le gentilhomme garibaldien proteste contre toute intention attribuée au général de combattre les soldats italiens et français. « Nous ne voulions, disait-il, ni tenter contre nos frères une attaque impie, ni faire à la France une guerre impossible et coupable. Nous étions guidés par une pensée médiocrement politique sans doute, mais qui ne ressemblait en rien aux odieux projets dont nous avons été accusés. Nous voulions provoquer une immense manifestation, conduire des foules populaires aux portes de la ville éternelle et, faisant acclamer par des multitudes Victor-Emmanuel roi et Rome capitale, montrer à la France la constante et énergique volonté de l'Italie ; nous avions l'ingénuité de croire que la nation qui a demandé un souverain au suffrage universel ne résisterait pas au vœu unanime d'un peuple, et que les principes déclarés justes à Paris seraient reconnus vrais à Rome. — Et les fusils, fut-il demandé au prisonnier d'Aspromonte, pourquoi les portiez-vous ? — Nos armes, répondit-il, qui devaient rester inertes entre nos mains si les Italiens ou les Français nous attaquaient, étaient destinées à châtier les soldats de M. de Mérode, s'il leur était venu l'étrange idée de nous empêcher seuls d'entrer dans notre capitale. Mais notre but n'était pas le combat ; nous étions des croisés pacifiques, une pétition vivante ; nous disions à la France le vœu ardent de l'Italie, nous ne lui portions pas une menace. L'histoire dira peut-être que notre entreprise était une folie, elle ne l'appellera pas un crime. » Le volontaire avait raison ; Aspromonte a été un malheur et une faute, il n'a pas été un crime, et la gloire du héros que ne poussait aucun vil intérêt personnel est restée pure. Mais il est coupable d'exalter, comme le font à Palerme des hommes imprudents, une tentative qui pouvait devenir une calamité publique, et tous les bons citoyens doivent s'efforcer de faire oublier un acte téméraire dont se sont réjouis seuls les adversaires de l'Italie.

Les plaisirs du théâtre viennent faire une agréable diversion à ceux des réunions et des fêtes ; Palerme possède une grande et belle salle d'Opéra, et la plupart des membres de la société y ont une loge, qui est en même temps un salon où les dames reçoivent des visites, font la conversation et prennent des glaces. Les Siciliens ont tous un grand amour pour la musique. Les gens du peuple la comprennent et la sentent avec une sûreté de goût que beaucoup de nos dilettanti pourraient leur envier ; ils chantent d'une voix juste et pure des airs nationaux pleins d'une rêverie mélancolique et de la plus douce mélodie. Des hommes sans aucune éducation, et qui ne savent ni lire ni écrire, ont un instinct intime de l'harmonie et des beaux vers. Ils dédaignent les chants grossiers et s'enivrent des airs inspirés de leur pays ; ils savent tous quelques-unes des poésies charmantes qu'écrivait, au siècle dernier, le chanoine Méli, le Théocrite moderne de la Sicile, et ils les disent ou les chantent quand ils sont réunis. Chez ce peuple, que ses maîtres n'ont jamais tenté de moraliser, la civilisation n'a pas jeté de profondes racines, mais elle a porté les fleurs les plus délicates. Éprise de musique, la société éclairée va chercher au théâtre la satisfaction de ses goûts, et les représentations de l'Opéra attirent toujours de nombreux spectateurs. Les Siciliens sont justement fiers du génie mélodieux et tendre de leur compatriote Bellini, mais ils négligent ses œuvres, ils ne veulent, comme tous les Italiens, entendre et applaudir que la musique de Verdi. Le mâle et vigoureux compositeur a été le chantre inspiré d'une époque de révoltes et d'angoisses. Dans l'Italie libre et heureuse, les grands maîtres qu'il a fait oublier retrouveront leurs admirateurs.

Les ballets et les danses partagent avec les dramatiques inspirations de Verdi la faveur du public. Les Siciliens du beau monde ont pour les pas savants de la chorégraphie contemporaine des enthousiasmes que mériteraient mieux les charmantes tarentelles qu'ils dédaignent. Ils ont applaudi, pendant quelques soirées, avec une vive ardeur, un ballet qui ne manquait pas d'une certaine couleur locale : il représentait une scène de brigandage dans les Calabres, et n'avait, au fond, rien de bien terrible. Les bandits étaient de jolies filles qui maniaient le fusil avec une précision de vieux soldats. Elles couraient quelque temps les aventures et la montagne, puis, touchées de la grâce patriotique, elles arboraient le drapeau tricolore, et, pour faire souche de bons citoyens, épousaient les gendarmes envoyés à leur poursuite. La pièce promettait d'avoir un long succès, quand une étourderie de la première danseuse est venue tout compromettre. Elle eut le mauvais goût, paraît-il, de préférer San Carlo de Naples au théâtre de Palerme, et, dans un moment d'humeur, elle se serait oubliée jusqu'à traiter le monument dramatique national de *casotto*. Ce petit vocable n'est pas sans quelque parenté avec notre mot de baraque. Les jeunes Palermitains, quoique pleins d'indulgence, comme les jeunes gens de tous les pays, pour les jolies danseuses, n'ont pu cependant pardonner l'insulte faite à leur théâtre ; ils traitent la railleuse en ennemie publique et veulent qu'elle soit exilée de la scène dont elle a médit. Aux gens peu susceptibles qui s'étonnent de leur rigueur et louent le talent gracieux de leur victime, ils répondent avec une gravité imperturbable et charmante : *Balla bene, è bellina, sta bene allo scherzo, ma ha detto che il teatro era un casotto !* « Elle danse bien, elle est jolie, elle prend bien la plaisanterie, mais elle a dit que le théâtre était une baraque! » Le mot terrible ne laisse pas de place au pardon. Au nom de l'honneur municipal, la *ballerina* ne dansera plus à Palerme. Les Siciliens ont pris nos usages et nos modes, mais ils ont su conserver leur nature ardente, et, dédaignant notre froideur et notre indifférence, ils ont pour les grands et les petits événements des trésors de passion. Ils sentent avec force toute chose, et s'ils ont des enthousiasmes insensés ou des colères frivoles, il n'est pas de nobles causes qui ne les touchent et ne les émeuvent.

Les réunions du monde et les fêtes publiques montrent à l'étranger les mœurs ardentes et polies, l'intelligence vive et poétique d'un peuple qui, même dans la classe où règne la plus exquise civilisation, est doué d'une puissante originalité nationale. A côté du spectacle que donnent les agitations de la ville, il est pour le voyageur une source féconde d'émotions et de plaisirs; laissant les promenades bruyantes et les palais modernes, il visite les villas solitaires, les monuments du passé, et s'abandonne à cette admirable nature qui fait de la campagne palermitaine un jardin enchanté. Dans la plaine qui s'étend devant la mer, ont été construites d'élégantes habitations d'été qu'entourent des bois d'orangers et de citronniers couverts de milliers de fruits, éclatants sous leur sombre feuillage comme des étoiles d'or; de vastes jardins sont décorés de statues de marbre et d'eaux jaillissantes, et dessinés avec ce luxe et ce goût artistique que connaît seule l'Italie. C'est auprès de la Bagheria, joli village joint à Palerme par un court tronçon de chemin de fer, que se trouvent les plus célèbres villas de la Sicile. Dans une autre partie de la plaine, s'élèvent un palais mauresque dont l'élégante architecture rappelle l'Alhambra de Grenade, et un monument chinois qu'a construit à grands frais une bizarre fantaisie princière. L'un est la Ziza, qui dit le goût délicat des émirs ; l'autre est la Favorite, qui ne rappelle qu'un caprice royal.

En revenant d'une excursion a la villa chinoise, je traversais un village, quand dans une rue qu'on ne pouvait voir se fit entendre une musique légère et joyeuse. Elle s'avançait gaiement, et sa gracieuse harmonie paraissait accompagner à l'église un couple heureux de jeunes fiancés. Le mélodieux cortége se montra bientôt; il était guidé par cinq ou six paysans parés de leurs plus beaux habits et armés de violons et d'altos, de clarinettes et de hautbois; ils s'avançaient d'un pas alerte et léger et jouaient des airs de danse. Derrière ces gais musiciens marchait un prêtre, et deux hommes portaient un enfant couché sans vie dans un cercueil ouvert. Pauvre petit être ! La mort en avait fait un ange, et les violons et les hautbois célébraient la gloire du bienheureux, pendant que la plus affreuse douleur déchirait le cœur de ses parents. Le cortége se dirigeait vers l'église des Capucins ; l'enfant devait être déposé dans le vaste cimetière dont les moines ont la garde. Ce *Campo Santo* est le Père-Lachaise de Palerme. Il se compose d'immenses corridors souterrains bordés de tombes superposées, comme des rayons; ces tombes ne sont pas fermées ou ne sont couvertes que d'un simple verre, et elles laissent voir, réduits à l'état de momies, des corps dont une étiquette indique le nom. Quelques cadavres sont parés comme pendant leur vie. des femmes sont en brillante toilette, des jeunes filles portent des robes de bal. Les visages grimaçants et noirs qu'entourent des fleurs et des dentelles sont horribles à voir. Les funèbres caveaux sont ouverts certains jours au public; le sombre spectacle qu'ils présentent ne paraît pas émouvoir la foule. Les hommes, les femmes et les enfants se rendent en grand nombre dans ces modernes catacombes; ils passent avec indifférence devant la plupart des cadavres, regardent avec curiosité les nouveaux venus, et s'arrêtant quelques minutes devant leurs parents, ils font, pour les honorer, allumer un cierge près de la caisse qui les renferme. La promenade des vivants au milieu de ces tombes ouvertes ressemble à une impiété, et l'on est saisi de compassion pour ces morts qui ne dorment pas en paix dans le sein maternel de la terre.

A une lieue de Palerme environ se dresse sur une pittoresque montagne la vieille ville de Montréal. Elle renferme une superbe église qui paraît être l'œuvre commune d'artistes grecs, italiens et sarrasins; elle est à l'intérieur couverte de mosaïques placées sur un fond d'or; sur les murailles sont figurées les grandes scènes de l'histoire sainte.

Au fond de l'église, dans la demi-coupole qui termine la grande nef, est une image colossale du Christ. Jésus est représenté avec ces grands yeux mélancoliques et cette longue figure austère que lui donnent les premiers peintres byzantins. Autour du maître sont groupés les principaux apôtres, et dans le haut du temple des séraphins voilés de six ailes brillantes, ne laissent voir que leur visage. Ces mosaïques resplendissant sur un fond d'or sont d'un grand effet. Un cloître gothique qu'ornent des colonnes d'une délicatesse et d'une variété infinies, tient à l'église. Le couvent est depuis longtemps frappé par l'esprit du siècle; ses cellules sont vides, et il contient à peine quelques moines que ne viennent plus remplacer des novices.

Les temps nouveaux qui changent en un désert l'ancienne solitude des cloîtres, ont pénétré dans le vieil archevêché de Montréal et s'y manifestent sous un aspect aussi curieux qu'imprévu. La salle d'honneur du palais renferme deux portraits que l'on ne peut voir avec indifférence réunis en si haut lieu sacerdotal. L'un représente Victor-Emmanuel, l'épée au côté, l'autre Pie IX tenant les clefs du ciel. Le roi et le pape sont placés sous un dais commun et paraissent se complaire dans une parfaite intimité. En donnant aux deux princes réconciliés les insignes divers de leurs pouvoirs distincts, l'archevêque a résolu la question romaine comme la résoudra l'avenir. Le pape, souverain des âmes, règne dans les régions célestes ; Victor-Emmanuel, roi des peuples, préside aux destinées de l'Italie indépendante et libre.

LETTRE TROISIÈME.

—

Palerme, janvier 1863.

Le procès des *poignardeurs* est commencé ; les débats sont venus confirmer quelques-uns des bruits qui ont couru dans la ville et rectifier certaines assertions erronées. Le noble personnage que l'on croyait en prison a eu le temps de fuir ; signalé à Naples, il l'avait déjà quitté, quand l'ordre de s'emparer de lui est arrivé. Les assassins ne recevaient pas 31 fr. par victime ; la vie humaine n'est pas cotée à si haut prix par les *bravi* de Palerme. Dépassant les inventions du drame et les exagérations de l'imagination populaire, les membres de la monstrueuse association du poignard se contentaient pour tout salaire de trois tarins (1 fr. 25 c.) par jour, qu'ils devaient recevoir aussi longtemps qu'ils resteraient à la disposition des chefs.

Le jury, établi en Sicile depuis six mois, est chargé de prononcer sur le sort des accusés. Le 8 janvier se sont ouverts les débats. Un public impatient et ému se pressait dans l'enceinte trop étroite de la cour d'assises. Au fond de la salle, derrière une table portant écrit sur un de ses côtés : *la Loi*, sont assis les quatre magistrats qui forment la Cour. Ils sont revêtus de robes noires qui ressemblent beaucoup à celles des juges français, et ils portent tous la barbe entière ou la moustache. A la droite du président est un Évangile, sur lequel les témoins jurent de dire la vérité; à sa gauche est un christ. Les jurés, après avoir prêté serment, prennent place; ils ont en face douze accusés; un de ces hommes occupe une place sur un banc séparé, c'est le révélateur pris le poignard à la main; il se nomme, par une raillerie amère, Angelo d'Angelo; il est décrotteur, et il déclare avoir été espion sous le régime déchu; il a trente-huit ans. Il a fait les aveux les plus complets, et révélé, sur le complot, tous les détails qu'il connaissait. Sa physionomie est plus triste que cruelle; il a l'œil noir et le teint olivâtre. Ses complices sont, comme lui, des gens du bas peuple; ils ont, la plupart, l'air sinistre; deux ou trois cependant ont la figure placide et honnête.

L'attention du public est surtout attirée par les hommes qui sont signalés comme les chefs de l'association, chefs subalternes certainement, mais seuls connus des sicaires et de la justice.

Ils se nomment Cali, Mazotto et Castelli. Le premier a l'air sombre et abruti; de longs cheveux plats cachent son front étroit, ses yeux sont éteints; il s'enveloppe avec un grand soin dans un cache-nez qu'il ne quitte pas; il est marchand de fruits. Le second, Mazotto, est un maître doreur; sa figure, assez douce quand il est calme, prend une expression dure et cruelle quand il s'anime. Castelli est le plus intelligent des accusés; c'est un gardien particulier de magasins; il est proprement vêtu; il a les traits fins, réguliers et fermes; ses yeux sont d'une vivacité et d'un éclat remarquables; quand il est confronté avec les témoins, il les fixe comme s'il voulait inspirer leur réponse et les fasciner de son regard brillant et froid comme une lame de poignard. Les antécédents des accusés ne peuvent être connus, les registres criminels ayant été brûlés en 1860 par des révolutionnaires prudents qui ne perdaient pas leur temps en vaines manifestations. Deux prévenus sont fortement soupçonnés d'être d'anciens espions, et un troisième a été, pour meurtre, condamné à treize ans de fers. Les renseignements donnés sur leur compte par les agents de la sûreté publique sont très-mauvais; ils présentent la plupart, cependant, des certificats des curés de leur paroisse, déclarant qu'ils sont honnêtes et gens de bien.

Le président procède aux formalités d'usage, à peu près semblables à celles des Cours d'assises françaises, et, après avoir constaté l'identité des accusés, il adresse aux jurés une exposition des faits résultant de l'instruction. Les points principaux de son récit sont les suivants :

Dans la soirée du 1er octobre, treize assassinats furent commis à Palerme. Les victimes de ces attentats étaient des citoyens honnêtes et paisibles de toute condition et de toute opinion ; ils ont été poignardés dans diverses parties de la ville par des sicaires inconnus, vêtus presque uniformément de velours et la tête couverte d'un béret de la même couleur. Douze des victimes ont heureusement survécu à leurs blessures ; un des blessés, nommé Solemo, employé à la loterie, est mort des suites du coup de poignard qu'il avait reçu le 1er octobre. Quand il a été frappé, il achetait des comestibles avec un ami nommé Mira. Son ami a été aussi frappé par l'individu qui avait mortellement atteint Solemo.

Laurent Albamonte, cordonnier, se promenait rue de Tolède, quand il fut tout à coup accosté par un homme qui, sans lui dire un mot, lui porta un coup de poignard près du nombril.

Gaetano Sozio, propriétaire, et Severino, employé, parlaient ensemble près de l'église des Jésuites,

quand un inconnu se jeta sur eux, en disant :
« Vous autres, vous êtes du parti », et les frappa
tous deux au ventre.

S. Orlando, propriétaire, passait en voiture près
de la place de Bologne. Il vit un homme qui touchait presque le cheval et qui paraissait ivre. Craignant un accident, il se penchait près du cocher
pour lui dire de marcher doucement, quand il reçut un violent coup de poignard dans la poitrine.
L'assassin voulait lui en porter un second, mais
Orlando, le prévenant, le poussa et le fit tomber.

Gérôme Baganosco, sculpteur, vit en passant devant l'église del Carmine un homme qui priait avec
la plus grande ferveur devant l'image de la Vierge
qui est au-dessus de l'église ; il disait en dialecte
sicilien : *Che infammu, chi mi stannu fammu* (quelle
infamie je fais). Ces paroles étaient prononcées avec
une voix si émue et un sentiment si profond, que
Baganosco fut saisi de pitié. A peine avait-il fait
quelques pas, que l'homme qui priait le frappait de
deux coups de poignard.

Jean Muzzi, cocher, était assis près du collége de
Maria d'Olivetta, quand un individu, les mains en
croix sur la poitrine, s'approcha en lui demandant
l'aumône, et, brandissant une arme, se jeta sur lui
et le blessa à la main.

Antonio Alito, lieutenant de la douane, vit venir
en face de lui un inconnu qui gémissait, en disant
que son fils avait été mis en prison. Pendant qu'il

cherchait à le consoler, il recevait un coup de stylet dans le bas-ventre.

Angelo Fiorentino, batelier, fut accosté par un homme qui lui dit : « Ami, donnez-moi une prise de tabac. » Au même instant il reçut un coup de poignard dans le flanc gauche.

Salvator, tailleur, rencontrait près du couvent de la Paix un individu qui lui tendait la main, en lui disant : « Ami, avez-vous quelque chose ? » Salvator, après avoir dit : « Non, » était vivement saisi par l'habit et frappé de deux coups à l'épaule.

Tomaso, confiseur, fut tout à coup frappé par un homme qui venait en face de lui, et qu'il prit d'abord pour un ivrogne.

Enfin, Carlo Simon, employé, qui était sous la porte de la maison du consul américain, fut frappé dans l'épine dorsale par un individu qui prit aussitôt la fuite.

Tous ces crimes étaient commis de 6 heures à 8, dans la soirée du 1er octobre. Les auteurs de ces attentats, protégés par la nuit et les rues étroites et tortueuses qui donnent dans les rues principales, s'échappèrent sans être reconnus. Un seul assassin, celui d'Alito, signalé par les cris de la victime, fut poursuivi par un officier de l'armée et par un gardien de la sûreté générale. Il fut arrêté dans la boutique d'un cordonnier, au moment où il s'asseyait à la place d'un ouvrier qu'il avait violemment poussé. Cet homme était Angelo d'Angelo. On trouva sur lui un stylet à manche blanc qui fumait encore du sang d'Alito. Interrogé aussitôt, d'Angelo se bornait à dire que, dans l'après-dînée, un nommé Castelli l'avait rencontré ; qu'à 7 heures du soir il devait, avec quatre autres individus qu'il ne nommait pas, poignarder plusieurs personnes; il l'avait engagé à venir avec lui. Angelo avait refusé et avait quitté Castelli. Il niait avoir frappé Alito, et disait s'être enfui dans la crainte d'être poignardé comme infâme, parce qu'il était connu pour un espion de l'ancien gouvernement. Il répétait le lendemain les mêmes déclarations au juge d'instruction; le jour suivant, il avouait non-seulement sa culpabilité, mais il révélait tous les faits et tous les détails qu'il connaissait du complot auquel il s'était associé. Il raconta au juge les faits suivants :

Le 24 septembre, il fut engagé à entrer dans l'association par Castelli, qui lui promit trois tarins (1 fr. 25 c.) par jour. Le dimanche suivant, il alla sur le quai de la Marine, qui lui avait été indiqué comme lieu de rendez-vous ; il rencontra onze des accusés ; un seul manqua à cette première réunion, mais il fut présent à toutes les autres. On parla des assassinats qui devaient être commis bientôt sur toutes les personnes qu'indiqueraient Castelli, Cali et Mazotto, et du prix de 3 tarins par jour que recevrait chacun des complices. Il ne fut fait aucune objection au projet conçu. Tous trouvèrent suffisante la récompense promise ; quelques-uns demandèrent seulement à Castelli qui leur garantirait le paiement du prix. Il leur répondit : « Rapportez-vous en à moi, vous n'avez rien à craindre; » sur de nouvelles instances, Castelli, après avoir parlé à voix basse avec Cali et Mazotto, dit : « Ne craignez rien, enfants, c'est le prince G..... qui paye. » On lui fit observer que ce nom ne pouvait inspirer aucune confiance, le prince ayant dissipé sa fortune ; Castelli s'entretint encore un instant avec Cali et Mazotto et répondit : « Enfants, celui qui paye est le prince Saint-Élie. »

Ce nom respecté et honoré de tout le monde excita la surprise et la défiance des accusés. Ils dirent qu'il n'était pas possible que le prince Saint-Élie voulût se mêler à de semblables projets. Castelli finit par dire : « Ne vous préoccupez de rien, il y a là des personnages importants, ce sont des affaires bourboniennes. Cette explication satisfit tous les complices, et on convint que l'on choisirait plus tard le jour où le complot serait mis à exécution. Du 28 septembre au 1er octobre, chacun des conjurés reçut la somme promise, 1 fr. 25 par jour. Il y eut encore six réunions à la Marine ; la dernière se tint le 1er octobre à 4 heures du soir. Dans l'avant-dernière réunion, l'un des complices fut pris d'un singulier remords ; il trouva que ses compagnons et lui ne pouvaient recevoir plus longtemps de l'argent sans le gagner, il dit qu'ils étaient payés et qu'il était temps de se mettre à l'œuvre. Tous partagèrent son avis. Castelli donna satisfaction à cette impatience de bête fauve, et il leur dit, en employant une atroce expression dont la traduction littérale est impossible : « Ce soir, il y aura un grand massacre, il y aura un *poignardement* général : faites attention aux choses convenues. »

Dans un des conciliabules, il avait été décidé que les conjurés seraient partagés en trois bandes comcommandées, l'une par Castelli, l'autre par Cali, et la troisième par Mazotto. Chacune d'elles aurait dans la ville un lieu de rendez-vous désigné d'avance. Les conjurés devaient, sur un signe, poignarder indistinctement les personnes qui leur seraient indiquées par les chefs. Le coup porté, chacun des membres de la bande devait rapidement se rendre au lieu de réunion, et recommencer dans d'autres parties de la ville l'œuvre sanglante.

La bande dont Angelo faisait partie, composée de lui, d'un nommé Tonnini et de Castelli, se réunit rue de Tolède, près du palais des finances. Les complices se dirigèrent vers une rue voisine, et ils arrivèrent devant le couvent de la Piété ; Castelli leur fit signe alors de frapper un homme qui passait. Angelo et Tonnini jouèrent à un jeu de hasard appelé le *tocco* pour savoir lequel des deux exécuterait l'ordre donné. Le sort désigna Tonnini ; lorsque ses complices lui virent lever le bras, ils s'enfuirent : parvenus à la rue Buttera, ils s'arrêtèrent ; Castelli ordonna à Angelo de poignarder un jeune homme qui passait ; Angelo s'approcha de lui, en demandant une prise de tabac, et le frappa au flanc gauche; il prit aussitôt la fuite et alla au lieu du rendez-vous ; il trouva Tonnini. Castelli se fit attendre environ trois quarts d'heure. Lorsqu'il fut revenu, les conjurés se dirigèrent vers la rue Saint-François

Le chef fit signe de frapper une troisième victime. Les deux sicaires jouèrent une seconde de fois au jeu du *tocco*, et le hasard désigna Angelo; il s'approcha en gémissant de l'homme qui lui était indiqué et le frappa au bas-ventre. Il devait être la dernière victime de la bande commandée par Castelli. Guidés par ses cris, un officier de l'armée et un garde de la questure rejoignirent Angelo et l'arrêtèrent.

Angelo n'a jamais varié dans le récit des faits et n'a pas été démenti par les circonstances reconnues vraies. Il a signalé et prouvé les relations d'amitié qu'il avait avec la plupart des accusés. Confronté avec chacun d'eux, il a soutenu ses déclarations avec fermeté et assurance.

Le juge d'instruction a remarqué que pendant les confrontations, beaucoup d'accusés changeaient de couleur et tremblaient de peur et de colère. Ils ont cependant nié avec force les faits que révélait Angelo. Tous les accusés ont été arrêtés sur ses déclarations. L'un d'eux, en voyant entrer chez lui la police, essaya de fuir et fut pris sur les toits. Un autre demanda à un complice arrêté en même temps que lui : « Et Angelo d'Angelo, où est-il ? » Plusieurs des accusés sont parents, beaucoup sont voisins, et tous sont en relations d'amitié.

Le président, après l'exposition des faits, a procédé à l'interrogatoire des accusés. Angelo a renouvelé très-nettement ses aveux et ses révélations ; il a dit, en outre, que le 28 septembre, il s'était présenté à la police, en suppliant de le mettre en prison ; il fut arrêté et relâché le lendemain sur la demande de sa sœur, qui déclara qu'il était la veille ivre et à moitié fou. Il assure qu'il avait demandé à être emprisonné pour ne pas commettre les assassinats du 1er octobre, et échapper aux vengeances de ses complices. Les autres accusés nient tous avec la plus grande énergie, invectivent le dénonciateur, qu'ils appellent espion et traître, invoquent tous les saints et la madone, et font des signes de croix en témoignage de leur innocence. Castelli et Mazotto invoquent un alibi. Ils disent tous qu'Angelo est devenu fou parce qu'il a été trompé par sa femme.

Les témoins ont été entendus après l'interrogatoire des accusés. Les blessés ont été appelés les premiers : aucun n'a reconnu celui qui l'avait frappé. La nuit protégeait les coupables. Un grand nombre de témoins du peuple ont répondu d'une manière suspecte aux demandes du président. Le grand écueil de la justice à Naples et en

Sicile est dans la difficulté de prouver juridiquement les crimes. Les témoins des classes populaires ne consentent que bien rarement à révéler les faits qui peuvent compromettre un accusé ; ils craignent les vengeances et le mépris qui poursuivent ceux qui viennent en aide à la justice ; les pouvoirs sociaux n'existent pas pour eux : ils vident entre eux leurs querelles, et regardent comme lâche et espion l'homme qui s'adresse à la justice. Le président, qui connaît son pays et conduit les débats avec intelligence et énergie, fait aux témoins les recommandations les plus fermes et les exhortations les plus paternelles. Ils jurent, avec les exclamations et les gestes les plus variés, qu'ils diront toute la vérité, et s'empressent, avant qu'une seule question leur ait été adressée, de dire : « Je ne connais personne ; je ne sais rien. » Sur les observations qui leur sont faites et qui démontrent qu'ils mentent, ils se troublent, s'embrouillent, et entrent dans toutes sortes d'explications qui ne touchent pas à l'affaire.

Les témoins des classes supérieures déposent avec honneur et dignité. Jamais n'a été plus fortement marquée l'influence de l'éducation et des principes moraux. Les jurés, qui remplissent des fonctions jusqu'alors inconnues en Sicile, sont graves et recueillis ; ils suivent les débats avec la plus grande attention, et adressent au président des questions qui montrent une intelligence éclairée et un désir sincère d'arriver à la vérité. Les audiences sont courtes, elles durent trois heures au plus. Chaque jour, les accusés sont conduits en prison à travers une foule nombreuse qui les attend à la porte du tribunal; la populace accueille les onze accusés sans faire aucune démonstration, elle siffle et hue Angelo. Les mépris ne sont pas adressés à l'assassin, mais au révélateur.

Un homme éclairé du pays, honteux de ces manifestations, me disait : « Voilà les fruits qu'ont produits le fanatisme, les superstitions et le régime tombé. La Sicile a besoin d'une longue ère de liberté pour renaître à la dignité et pour faire de sa populace un peuple. »

Le procès durera encore deux ou trois jours. Hier, le ministère public, dans un discours élevé et logique, a soutenu l'accusation et démontré la culpabilité de tous les accusés. Son langage ferme et éloquent a été plusieurs fois applaudi par le public de la cour d'assises. Le président a réprimé avec une juste convenance ces manifestations déplacées. Les avocats parleront demain L'issue du procès est très-incertaine; aucun témoin ne reconnaît les accusés. Il est fortement à désirer que la lumière se fasse entière avant la fin des débats, et que des crimes aussi épouvantables que ceux du 1er octobre ne restent pas impunis.

LETTRE QUATRIÈME.

—

Palerme, janvier 1863.

Le jury, après une longue délibération, a rendu son verdict dans l'affaire des *Poignardeurs*. Tous les accusés ont été déclarés coupables. Les trois chefs, Castelli, Mazotto et Cali ont été condamnés à mort, et huit de leurs complices aux travaux forcés à perpétuité. Le révélateur Angelo d'Angelo a été condamné à vingt ans de travaux forcés. Le verdict a été accueilli par l'approbation générale ; il honore les jurés, qui se sont montrés dans toute cette affaire à la hauteur des devoirs que la loi nouvelle leur confie. Ils avaient reçu de nombreuses lettres anonymes qui les menaçaient de mort, s'ils déclaraient les accusés coupables; en dédaignant ces intimidations, ils ont fait preuve d'un courage civique méritoire dans un pays où la vengeance est en honneur et où les assassins louent leurs services 3 tarins (1 fr. 25 c.) par jour. Pendant que les jurés délibéraient, des hommes de mauvaise mine attendaient en grand nombre dans la salle de la cour d'assises. Ils ont inspiré des soupçons aux gendarmes qui les ont entourés et fouillés. Aucune arme n'a été trouvée sur eux, mais le pavé était couvert de couteaux de toutes sortes qu'ils avaient laissé tomber.

Un nouveau crime est venu prouver que la bande des *Poignardeurs* n'était pas détruite. Le procès durait encore, quand, dans la soirée du 13 janvier, un homme a été frappé dans la rue. L'assassin, pris en flagrant délit, a déclaré qu'il recevait 3 tarins par jour pour tuer indistinctement les personnes qu'il rencontrerait dans la ville. Il a fait des révélations qui ont amené l'arrestation de chefs importants. La police, guidée par lui, s'est rendue dans le lieu de réunion des conjurés; elle y a trouvé des armes, des munitions et un registre contenant les noms des membres de l'association; elle a découvert aussi un tableau représentant un assassin qui porte un coup de poignard à sa victime. C'était sur cette image, paraît-il, que les affiliés prêtaient aux chefs le serment d'obéissance absolue à leurs ordres. L'esprit se refuse à croire qu'en plein XIXe siècle, il puisse exister une secte dont les horribles inventions égalent en cruauté les sanglantes légendes du Vieux de la Montagne. Palerme a été saisie d'indignation et d'épouvante, des patrouilles de gardes nationaux et de soldats de l'armée parcourent la ville, et des sentinelles sont placées à l'entrée des rues principales. Les personnes qui sortent le soir portent de gros bâtons pour repousser les hommes qui voudraient les approcher. La justice tient les principaux fils de la sombre trame, elle fera connaître les monstres qui l'ont ourdie. L'opinion publique attribue ces crimes à des émissaires bourboniens; elle se trompe peut-être, mais elle voit sur la poignée des stylets la main qui paie les assassins de la Capitanate et des Calabres.

LETTRE CINQUIÈME.

—

Palerme, janvier 1863.

Aucune partie de l'Italie n'était mieux préparée que la Sicile à accueillir les idées d'unité et de liberté. L'aristocratie et la bourgeoisie étaient depuis longtemps hostiles aux Bourbons, le peuple voyait en eux des maîtres étrangers, et le clergé de l'île avait moins que celui des provinces napolitaines ces attaches qui lient ailleurs l'Église aux princes du droit divin. La révolution trouva dans tous les rangs des partisans et des soldats, et l'annexion au royaume italien se fit avec un entraînemeut général.

La Sicile a conservé son aversion du régime déchu, et l'aspiration vers l'unité s'est fortifiée en s'affirmant; mais l'enthousiasme des premiers jours s'est éteint. Les espérances excessives ont amené des déceptions, la nature humaine a suivi sa pente, et les partis qui s'étaient confondus dans un généreux embrassement ont retrouvé leurs divisions et leurs méfiances. La paix a été courte comme ces trèves qu'amènent les baisers Lamourette que, dans tous les pays, se donnent les partis aux premières heures des émotions civiles.

Les passions anciennes ont reparu et un sentiment nouveau est né dans les cœurs. Les Siciliens ressentent une antipathie violente pour l'administration et pour les fonctionnaires piémontais, et ils raillent sous le nom de *piémontisme* les actes et les tendances des hommes qui sont au pouvoir. Ce mot de récente origine résume tous les reproches que les Italiens du Midi adressent à ceux du Nord; il renferme dans son élasticité d'expression populaire, de légers et sérieux griefs, des vérités et des erreurs, et, s'il ridiculise des faiblesses et des fautes, il contient aussi la satire de faits dont tout homme d'honneur serait fier d'être déclaré coupable. Ainsi, la roideur et la morgue officielles, l'amour méticuleux de la discipline, la centralisation, l'ignorance des intérêts du pays, l'augmentation des impôts, le recrutement, la capitale à Turin, le respect sévère de la loi et l'égalité de tous devant ses prescriptions, sont autant d'éléments divers qui, réunis ou séparés, forment le *piémontisme*.

La dénomination a fait fortune, et les indifférents, les ennemis déclarés et les opposants cachés se servent sans cesse dans leurs discussions graves ou futiles d'un mot qui est devenu une arme pour tous les partis. Le gouvernement ne paraît pas se préoccuper de cette fronde des salons et de la place publique : il n'est pas politique cependant de dédaigner ces manifestations générales, et il serait sage de leur enlever toute importance en détruisant leurs causes. Il devrait être tenu compte des reproches sérieux, les accusations malveillantes ou légères tomberaient seules; si le pouvoir, en laissant les administrés critiquer des travers dont les fonctionnaires italiens n'ont pas seuls le privilége, s'occupait activement des intérêts moraux et matériels du pays, il s'attirerait bien vite les sympathies de tous. Il est d'une urgente nécessité d'établir la sécurité publique, de moraliser le peuple par l'instruction, et de créer des routes et des chemins de fer. Des villes importantes n'ont entre elles aucune communication, les campagnes ne peuvent pas porter leurs produits dans les villes ou sur le littoral, et des terres fertiles restent incultes.

Un voyage dans l'intérieur de l'île est une sorte d'expédition qui ne s'accomplit ni sans grandes fatigues ni sans périls. Les routes carrossables sont rares et très-mauvaises, les ponts n'existent pas et les rivières se traversent à gué. Aux grandes crues on ne passe pas, ou bien on passe au risque de se noyer. Cette situation déplorable, legs du régime déchu, doit avoir un terme. Des ingénieurs! des chemins! voilà le cri que pousse le pays tout entier. Comment les ministres ne l'ont-ils pas encore entendu? Ils voudraient prouver que Turin est trop loin pour que les plaintes de l'Italie arrivent jusqu'à eux, et qu'en attendant Rome, Naples doit être la capitale provisoire, qu'ils n'agiraient pas autrement. Ils commettraient une faute bien grave si, par leur négligence, ils mécontentaient profondément une terre généreuse, sincèrement dévouée aux idées nouvelles. La Sicile est un assez beau fleuron de la couronne italienne pour que les avantages faits à la Sardaigne ne lui soient pas refusés. Elle s'est donnée de tout cœur à la patrie commune, et elle paiera sans se plaindre, en impôts et en soldats, la rançon de sa délivrance ; mais elle veut avoir sa part des bienfaits de la civilisation moderne. L'administration qui satisfera ses vœux légitimes portera les coups les plus forts à l'antagonisme et aux divisions actuels. Jamais acte du pouvoir n'aura été d'une utilité plus véritable et d'une meilleure politique.

L'œuvre d'apaisement serait moins difficile en Sicile que dans les autres provinces de l'ancien royaume de Naples. Les partis, dans l'île, ne sont séparés que par des nuances. Les Bourbons ont pour soutien un grand nombre de membres du clergé, ils sont représentés par quelques individualités et par des émissaires, mais ils n'existent pas à l'état de parti ; ils ne forment qu'une secte qui se livre à des menées honteuses et à des conspirations antisociales.

Les partis sérieux et forts qui existent en Sicile ne sont que des fractions du grand parti unitaire. Des questions de personnes et d'administration intérieure les divisent, mais avec une égale ardeur ils suivent tous le même but : un gouvernement libre avec Rome capitale et Victor-Emmanuel roi. Les uns sont les modérés, et appuient, en la critiquant souvent, la politique ministérielle ; les autres composent le parti d'action, et sont représentés par le côté gauche de la Chambre des députés. Près de ces deux divisions du parti unitaire, s'est formée une troisième fraction qui a élevé la question administrative au-dessus de la question politique ; elle se qualifie de régionale ou autonomiste. Ses représentants demandent avec une loyale énergie l'unité italienne, mais ils voudraient une large décentralisation et une administration séparée ; ils aspirent à rendre plus nominal qu'effectif le lien qui les rattache à Turin, et ils verraient sans regret l'établissement d'une lieutenance ou d'une vice-royauté à Palerme. Ils formulent leurs vœux par ces mots : Unité politique et militaire seulement, et Rome capitale.

Leurs adversaires trouvent leur programme un peu vague et leurs prétentions inopportunes ; ils ne repoussent pas la décentralisation, mais ils déclarent qu'ils attendront, pour discuter le régime de la région que l'Italie ait terminé son œuvre. Dans les circonstances actuelles, l'existence et le développement de ce parti leur semble un danger : il n'y a que la Sicile, en effet, où les régionnaires soient dévoués à l'unité nationale; dans les provinces napolitaines, ils sont, sous le nom d'autonomistes, séparatistes et bourboniens. Les régionnaires de l'île paraissent ainsi venir en aide à des hommes et à des principes qu'ils combattent; ils ne peuvent, du reste, espérer le triomphe d'un parti qui n'a de représentants ni dans le Parlement ni dans les autres provinces italiennes.

Les trois fractions de l'idée unitaire ont dans de nombreux journaux des défenseurs ardents de leurs doctrines.

Au milieu du trouble et de la confusion que jettent dans les esprits les complots des sectaires, les incertitudes de la politique et les divisions des partis, une seule influence est restée entière : c'est celle de Garibaldi. Le chef des Mille est toujours pour la Sicile le libérateur; sa popularité n'a subi aucune atteinte. Un fait récent vient encore de prouver la puissance de son patronage et l'empressement des partis à obéir à ses inspirations.

Palerme devait, dans le mois de janvier, nommer un député. Les journaux de toutes les opinions avaient, dans de nombreux articles, déclaré qu'un

Sicilien seul pourrait être élu, et que le pays ferait un acte de honteuse faiblesse s'il demandait à l'Italie continentale un représentant pour la capitale de l'île.

Les noms les plus honorables étaient patronnés par les divers partis, et l'élection d'un magistrat distingué paraissait assurée, quand, peu de jours avant le scrutin, le bruit se répand qu'un ami et un compatriote de Garibaldi se présente aux élections: sa candidature est aussitôt accueillie par un grand nombre d'électeurs, une partie de la presse le soutient, et le nouveau venu, entièrement inconnu la veille, est nommé député à une grande majorité. A l'amitié de Garibaldi s'ajoutaient deux motifs qui recommandaient le candidat aux électeurs : né à Nice, il était resté Italien, et le gouvernement ne lui était pas favorable.

C'est dans l'aristocratie libérale et riche et dans la bourgeoisie intelligente et éclairée que les opinions unitaires ont leurs défenseurs les plus résolus. Le peuple appartient à qui le séduit et l'émeut. D'un esprit vif et enthousiaste, il est ignorant et superstitieux; il se presse avec des acclamations bruyantes auprès de son héros favori quand le grand agitateur lui parle de dévouement et de patrie, mais il oublie rapidement ses préceptes. Le clergé exerce sur les masses populaires une influence dont il n'use ni pour les moraliser ni pour les éclairer; il l'emploie à faire au gouvernement italien une guerre sourde et constante.

Les prêtres exploitent les mécontentements qu'ont fait naître l'augmentation des impôts, le recrutement et les mesures les plus légitimes ; ils excitent les susceptibilités locales, et montrent dans les hommes du Nord des étrangers qui parlent à peine la langue du pays, et des hérétiques qui combattent le pape et veulent détruire les églises et les couvents.

Ce n'est pas le dévouement aux Bourbons qui les fait agir : ils partageaient l'opinion générale qui leur a toujours été contraire ; mais ils savent que le nouveau régime supprimera une partie des innombrables et riches monastères qu'ils dirigent, et qu'il diminuera, par l'instruction et la libre discussion, leur influence pernicieuse. Les dangers dont est menacée leur ancienne puissance les jettent dans une opposition systématique ; ils couvrent d'un masque politique une hostilité qu'inspirent seuls des sentiments du plus étroit égoïsme. Il est dans le clergé sicilien des hommes que guident des pensées plus hautes et qui sont dévoués à leur pays et à la justice ; mais ils forment la minorité.

Les efforts de la faction cléricale ne triompheront pas ; François II n'a pas d'autre appui qu'il puisse avouer en Sicile ; les partis, divisés par bien des points, sont tous unis dans un même sentiment de répulsion pour le régime déchu. Les Bourbons ne leur rappellent qu'état de siége, bombardements, prisons et exils. Les exploits des brigands, les alliés et les défenseurs du trône ont à la haine ajouté le mépris. Les Siciliens pourraient être reconquis par la force, mais leur cœur ne se donnera jamais à un roi qui, après avoir abandonné sa capitale sans combattre, ne conserve un peu d'énergie que pour lancer, d'un asile inviolable, des bandes d'assassins et d'incendiaires contre de malheureuses provinces. Dans les réunions publiques et privées, les hommes de tous les partis attaquent avec la plus grande énergie un prince qui se flatte de reconquérir un trône en s'alliant à des héros de cours d'assises ; ils disent avec raison que si l'on doit respect au malheur, on ne le doit pas au crime.

Les esprits sont agités en Sicile par des passions ardentes et diverses. Quelques mots cependant pourraient résumer la situation politique de l'île : haine des Bourbons, antipathie des Piémontais, popularité de Garibaldi, aspiration à l'unité de l'Italie avec Rome capitale.

LETTRE SIXIÈME.

—

Naples, février 1863.

Une excursion dans l'intérieur de la Sicile présente un sérieux intérêt. L'île possède des monuments remarquables de l'antiquité grecque et de belles ruines romaines, et offre les sites les plus pittoresques. La route qui, longeant la mer, joint Syracuse à Messine, est aussi belle que le célèbre chemin de la Corniche qui va de Gênes à Nice. Le mauvais état des routes ou leur absence complète rendent en toute saison les voyages pénibles ; ils deviennent presque impossibles en hiver, quand les pluies ont changé les rivières en torrents. Cette année, aux difficultés habituelles s'étaient ajoutés des inconvénients nouveaux : cent vingt-cinq condamnés avaient célébré les fêtes de Noël en s'échappant des prisons d'Agrigente et s'étaient remis, avec une ardeur qu'excitait un long repos, à explorer les montagnes et les plaines. Le moment paraissait peu propice aux excursions dans la campagne. Ne pouvant attendre que les rivières fussent rentrées dans leurs lits et que les anciens prisonniers eussent regagné leurs cachots, j'ai renoncé à revoir des pays que j'avais parcourus en d'autres temps, et je suis parti pour Naples. Un petit navire italien qui porte dignement son nom, l'*Elettrico*, m'a fait franchir en quatorze heures les 75 lieues qui séparent Palerme de l'ancienne capitale des Deux-Siciles.

Qui ne connaît la situation de Naples ; jetée à l'extrémité du golfe que couronne le Vésuve, la ville s'élève en amphithéâtre sur les montagnes qui bordent le rivage. Des jardins plantés d'orangers, de figuiers et de pins-parasols ombragent les quartiers élevés. Sur le dernier sommet se dresse un vieux donjon peuplé de sinistres souvenirs, le fort Saint-Elme, qui domine de sa masse sombre la ville entière. De ces hauteurs, l'œil contemple un des plus beaux spectacles que puisse admirer le regard de l'homme. Au pied du château s'étend Naples qui, par une pente rapide, descend à la mer : les premières maisons se perdent dans la verdure et les fleurs, les dernières touchent aux eaux bleues du port. A droite, sont les collines de Pausilippe couvertes de villas, les rives de Baïa, le cap Misène et les îles de Procida et d'Ischia ; à gauche, la vue s'étend sur le Vésuve, Portici, Castellamare, Sorrente, sur l'île aux vigoureux reliefs qu'habita Tibère et sur la mer lointaine ; en face, l'œil s'arrête ébloui sur le golfe incomparable qui baigne ces rivages et que les anciens appelaient la Coupe-d'Or. La limpidité de l'air et l'éclat d'un ciel dont l'hiver n'efface pas l'azur, parent cette terre et ces flots d'un charme que n'oublient jamais ceux qui les ont contemplés une fois. Elles étaient moins belles les rives qui virent du sein de la mer surgir la blonde déesse, Vénus Anadyomène.

La nature riante et l'heureux climat de ce beau pays ont frappé de leur empreinte les habitants de cette terre bénie du ciel. Le Napolitain de la classe populaire vit insouciant au soleil ; d'une humeur joyeuse et parfois bouffonne, il est toujours, comme a dit le poëte,

> Ce peuple, ami de la gaité,
> Qui donnerait gloire et beauté
> Pour une orange.

Il remplit d'animation, de bruit et de chansons les quartiers qu'il habite : il crie et s'emporte facilement ; mais il est au fond débonnaire, et souvent une plaisanterie termine une discusion qui amènerait ailleurs un dénoûment tragique : il est gesticulateur à l'excès et mime ses moindres paroles ; mais ses gestes ont une expression si vraie, son esprit est si vif qu'on ne se lasse jamais ni de le voir ni de l'entendre ; délié et fin comme un fils d'Athènes, il ne se pique pas d'une probité sans bornes ni d'un courage à toute épreuve. Un gouvernement honnête pourra facilement de ce peuple, à qui le sang grec a laissé une de ses grandes forces, l'intelligence, faire un peuple remarquable. Le régime déchu flattait ses vices et développait ses superstitions ; il croyait qu'il le conserverait fidèle et soumis en le maintenant dans la corruption et dans l'ignorance. Il a été, depuis l'annexion, créé pour les enfants et les adultes des écoles nombreuses qui produisent déjà de très-bons résultats ; mais dans cette œuvre de régénération, le gouvernement ne peut pas agir seul, les classes éclairées doivent lui venir en aide. Que renonçant à une léthargie coupable, elles imitent les exemples donnés par les hautes classes de l'Angleterre, et qu'elles guident elles-mêmes la croisade de la dignité et de l'instruction contre la corruption et l'ignorance. Ce n'est pas sans efforts qu'un peuple se relève, et la liberté ne saurait s'acclimater sur une terre où ne règnent pas les vertus viriles.

Un mal plus grand encore que l'ignorance et la corruption des villes, le brigandage, sévit dans une partie des provinces napolitaines. Cette plaie, plus sociale que politique, a toujours existé dans ce pays, mais elle n'avait jamais exercé d'aussi grands ravages qu'en ces dernières années. Les bandes battues et dispersées par les troupes dans toutes les rencontres se reforment rapidement et recommencent leurs pillages et leurs assassinats. La plupart ont leur centre d'action dans des provinces éloignées ; quelques chefs audacieux cependant ne craignent pas de venir jusqu'aux portes de Naples exécuter des coups de mains qui restent impunis.

Un chef de brigands, appelé Pilone, qui parcourt depuis longtemps la chaîne des montagnes que domine le Vésuve, a arrêté, il y a quelques jours à peine, le directeur de la Banque napolitaine, le marquis Avitabile. Le directeur était allé visiter une de ses propriétés, située à quelques kilomètres de Naples. Après avoir passé la nuit dans sa ferme, il était sorti le matin avec un fusil sur l'épaule, et il se disposait à chasser sur ses terres. Il avait à peine fait quelques pas, qu'il fut entouré par huit hommes qui le couchèrent en joue, pendant qu'un neuvième s'approchait en le saluant et l'engageait à le suivre dans la montagne. Le prisonnier fut conduit au pied du Vésuve : il y trouva le chef de la bande entouré de quelques-uns des siens ; il portait trois décorations sur la poitrine. « Je suis, dit-il, le chevalier Pilone, commandant en chef des postes avancés de l'armée d'occupation de S. M. François II, et je vous dirai, sans autre préambule, que j'ai besoin d'argent pour payer la solde de mes soldats et les frais de la guerre ; vous me donnerez 60,000 ducats, et il ne vous sera fait aucun mal. Vous êtes un homme important et riche, et je ne puis vous imposer une somme moindre. Vous autres libéraux, vous arrêtez nos correspondances et vous vous emparez de notre argent, il est bien juste que vous nous indemnisiez des pertes que vous nous faites subir. »

Le directeur s'éleva contre l'énormité de la somme qui lui était demandée, et, après une longue discussion, il obtint, grâce aux instances d'un bandit qui avait été autrefois à son service, qu'il serait rendu à la liberté moyennant 20,000 ducats (81,000 francs). « Je me contenterai de cette somme, dit Pilone, mais elle sera versée ce soir ; un jour de retard me forcerait à opérer un mouvement stratégique qui me coûterait 10,000 ducats et je serais obligé d'augmenter de ce chiffre votre rançon. » Le marquis, contraint de s'incliner devant une volonté qu'il ne pouvait changer, envoya par un émissaire que lui présenta le chef chercher de l'argent à Naples. Ses parents et ses amis s'empressèrent de recueillir la somme exigée et la firent parvenir sans retard. Dans la journée, Pilone entra, en attendant l'émissaire, dans une auberge où il prit des rafraîchissements et se reposa le plus tranquillement du monde. Voulant sans doute prouver au marquis qu'il n'était pas le prisonnier d'un voleur vulgaire, mais l'hôte de l'ami d'un roi, il lui montra ses parchemins et ses titres. Il lui fit voir un diplôme de chevalier signé par François II et un décret du même prince, qui, comme l'avait dit Pilone, le nommait commandant des postes avancés de l'armée d'occupation. Quand la somme eut été comptée, le directeur fut mis en liberté. Il avait à peine fait quelques pas qu'il s'entendit appeler ; il hésitait à répondre, mais un envoyé du chef le rejoignit et lui dit avec la plus parfaite politesse : « Excellence, le chevalier Pilone désirerait vous dire un dernier mot. » M. Avitabile suivit l'émissaire. « Monsieur le marquis, dit Pilone, voici votre fusil que vous avez oublié ; nous ne sommes pas des voleurs. »

Cet événement a été la semaine dernière l'objet de toutes les conversations et il a douloureusement ému la ville. Il a précédé comme d'une sorte de prologue en action une réunion populaire dont M. Ricciardi, député de Naples, et quelques hommes politiques avaient pris l'initiative ; ils avaient convoqué leurs compatriotes à un meeting où devaient être recherchés les meilleurs moyens à employer pour appuyer la commission d'enquête et pour détruire le brigandage. Des avis insérés dans les journaux et des affiches portées par des hommes avaient appris à la population le but de l'assemblée et l'endroit où elle devait se réunir. Le meeting a eu lieu dans une vaste salle de spectacle ; il a été très-nombreux, et l'on voyait dans la foule des représentants de toutes les classes de la société des gardes nationaux, des prêtres et des gens du peuple. Il y avait des dames dans toutes les loges. L'ordre le plus parfait n'a cessé de régner dans cette réunion : elle est la première de ce genre qui ait eu lieu à Naples. M. Ricciardi présidait l'assemblée ; il a ouvert la séance par une courte allocution où il a exposé le but de la réunion, et a dit que l'Italie ne pouvait terminer l'œuvre unitaire qu'en conservant la concorde et en se groupant autour de Victor-Emmanuel. Ces paroles ont été très-applaudies. Le président a ensuite appelé à la tribune plusieurs orateurs qui ont proposé divers moyens pour réprimer le brigandage ; les plus efficaces leur paraissaient l'exécution de routes nombreuses, l'envoi de colonnes mobiles et de volontaires et la destitution des syndics incapables et des fonctionnaires infidèles. « Tous les bandits, a dit un député, ne sont pas dans les bois ; il en est beaucoup dans les administrations, et ce sont les plus dangereux. »

L'intérêt de la séance a surtout porté sur les discours prononcés par deux ecclésiastiques, un jeune prêtre et un chanoine. Ils se sont élevés avec une extrême énergie, et avec des paroles souvent éloquentes, contre le denier de saint Pierre, et ils ont engagé leurs compatriotes à combattre sa funeste influence en souscrivant avec ardeur au denier de l'Italie : « L'un, ont-ils dit, entretient et paye le brigandage, l'autre adoucit et soulage la plaie honteuse dont souffre notre malheureux pays. » Ils ont longuement parlé du pouvoir temporel et spirituel : ils se sont efforcés de démontrer que l'union de ces deux pouvoirs était contraire à l'esprit de l'Évangile, et qu'elle était la source de tous les maux de la patrie commune. Ils ont soutenu leur double thèse avec des arguments empruntés à l'histoire profane et sacrée et en des termes de la plus grande énergie. Ces orateurs ont été très-vivement applaudis par l'assemblée et par les prêtres nombreux qui se trouvaient dans le public. Ces discours et l'approbation chaleureuse qu'ils ont reçue de tous les ecclésiastiques présents à la séance, prouvent qu'il existe dans le clergé italien un parti qui ne veut pas sous une étroite discipline étouffer les sentiments patriotiques.

Ces deux orateurs, ceux qui les avaient précédés et ceux qui ont pris la parole après eux, ont tous envoyé des paroles de sympathie à Garibaldi ; des applaudissements frénétiques et de longues acclamations accueillaient le nom du héros de Marsala toutes les fois qu'il était prononcé. L'assemblée n'applaudissait pas toujours cependant ; elle a reçu avec une froideur significative une allusion faite à un homme dont on a voulu, en ces derniers temps, associer le nom à celui de Garibaldi. Elle n'a pas confondu le conspirateur avec le soldat qui accomplit ses actions glorieuses et commet ses erreurs en plein soleil.

Il est un nom qui avait aussi le don de faire vibrer toutes les âmes, c'est celui de Rome ; les assistants applaudissaient avec transport l'orateur qui prononçait ce mot magique, et ils le répétaient avec des cris enthousiastes. Il est prononcé tous les jours dans les discussions politiques et dans les journaux. Je ne sais si à Turin l'on ne parle plus de Rome ; on y pense beaucoup, sans doute, en se taisant ; mais il est certain que l'on en parle à Naples. Rome capitale est l'aspiration de tous les esprits, et le prestige de Garibaldi n'est si grand ici que parce qu'il représente dans toute sa fiévreuse et constante ardeur l'idée de l'unité italienne. Les ministres qui voudraient combattre le sentiment national ne l'arrêteraient pas un instant, mais ils perdraient toute influence sur l'esprit public et donneraient une grande force au parti d'action. Les hommes qui sont au pouvoir ne commettront pas une faute semblable.

Le meeting s'est terminé par le vote d'une adresse qui sera envoyée au Parlement ; elle l'engage à employer les moyens les plus énergiques pour détruire le brigandage, et elle félicite la commission d'enquête de son activité et de son zèle.

LETTRE SEPTIÈME.

—

Naples, février 1863.

Le carnaval n'était autrefois célébré dans aucun pays avec une gaieté aussi folle qu'en Italie. De Milan à Palerme, ce n'étaient, pendant les derniers jours qui précèdent les semaines du carême, que divertissements joyeux et populaires. Chaque ville avait ses fêtes renommées et ses masques célèbres. Ce souvenir lointain des antiques saturnales a disparu ou va s'effaçant toutes les années. Le carnaval de Venise n'est plus qu'une légende qu'a immortalisée un chef-d'œuvre; celui de Rome et ses *moccoletti* s'éteignent au souffle puissant d'un peuple qui se réveille, et qui ne veut pas donner à ses maîtres la satisfaction de se montrer oublieux de sa servitude. Le carnaval de Naples est mort depuis quinze ans. Les événements de 1848 avaient suscité des aspirations aussi vives que promptement étouffées ; la population, qui avait espéré une ère de liberté, vit ses maux anciens aggravés d'une déception nouvelle : elle protesta contre les actes arbitraires du pouvoir, en s'abstenant, pendant les premières années qui suivirent la contre-révolution, de divertissements de toute sorte et des mascarades du carnaval.

La tradition interrompue ne s'est pas renouée. Elles ont à jamais cessé les fêtes brillantes qui remplissaient d'une foule bigarrée et joyeuse les rues de Chiaia et de Tolède, et ils ont pour toujours dépouillé leurs habits à paillettes ces grands d'Espagne grotesques et ces Turcs bouffons qui, de leurs voitures enrubannées, jetaient aux dames qui remplissaient les balcons des lazzis, des sucreries et des fleurs. La patrie de l'illustre Polichinelle ne voit plus errer dans ses carrefours que de rares masques, sales et déguenillés, qui parodient au son du tambourin les danses gracieuses du pays. Ces derniers représentants des gaietés éteintes se livrent à une industrie bien plus qu'à un amusement : ils tendent la main, comme des mendiants, à ceux qui les regardent. Le carnaval populaire a disparu de la terre joyeuse qui devait être son dernier asile. C'est un roi déchu qui ne sera pas restauré.

Si les fêtes bruyantes ne parcourent plus les rues et les places, la ville n'est pas plongée dans la tristesse et ne se livre pas d'avance aux macérations du carême. Le plaisir règne en maître dans les salons et les théâtres; on danse partout à Naples, pendant la dernière semaine du carnaval, chez les simples particuliers et chez les hauts fonctionnaires, et les salles de spectacle ne se ferment ni le jour ni la nuit; ouvertes le jour pour des représentations extraordinaires, elles sont ouvertes le soir pour les pièces habituelles, et la nuit pour les bals masqués.

Au Palais-Royal, la duchesse de Gênes donne des soirées et des fêtes nombreuses. La belle-sœur de Victor-Emmanuel est venue tenir une petite cour qui réjouit fort les Napolitains de la vieille école; habitués à regarder passer les équipages et la livrée du château, ils regrettaient cette distraction et ne se consolaient pas de savoir vides les vastes appartements du palais. Ils demandaient le roi ou un prince. Il leur est venu une princesse: ils ont eu la courtoisie et le bon goût de se montrer très-satisfaits. Les cœurs les plus rebelles ont été rapidement gagnés par les manières simples et affables de la duchesse, par de larges aumônes et par des bals somptueux et constitutionnels, où l'habit du garde national est aussi bien accueilli que celui du sénateur. A Naples, pas plus et peut-être moins qu'ailleurs, on ne résiste à qui donne de l'argent aux pauvres et des plaisirs aux riches. Aussi dit-on que des membres de l'aristocratie, qui se tenaient à l'écart, ont demandé à être présentés à la cour et assistent à ses fêtes. Tous les partisans de l'ancien régime n'étaient cependant pas à un des derniers bals du palais. Un bourbonien, qu'on avait sans doute négligé d'inviter, a jeté, vers une heure du matin, sous les fenêtres du château royal, une bombe dont le retentissement a un instant couvert la musique officielle. Les dames les plus timides sont faites ici à ces petits incidents; ils surprennent médiocrement et n'effrayent plus personne. Le roi Bomba avait, depuis longtemps, pris soin d'habituer ses sujets à ces bruyantes harmonies.

L'amour de la danse est si vif en ce moment qu'il paraît s'être emparé des gens graves qui se livrent peu, d'ordinaire, aux exercices chorégraphiques. Il fait sentir ses ravages dans le monde savant lui-même. Des hommes dont la légèreté n'est pas proverbiale, des professeurs de l'Université, sont badins et folâtres, s'il faut en croire leurs élèves, comme le sont les étudiants seuls en d'autres pays. Ce ne sont pas les auditeurs qui manquent aux leçons, ce sont les maîtres, à qui les fatigues de la nuit font oublier les devoirs de la journée. Par un singulier renversement de tous les principes, les professeurs reçoivent ici les remontrances qu'ils prodiguent souvent à juste titre ailleurs. Ils sont avertis par des avis affichés à la porte de l'Université et insérés dans les feuilles publiques, que ceux d'entre eux qui, au lieu de faire leur cours, passent leur temps dans les fêtes et les bals, ne seront ni hués, ni sifflés, mais qu'ils verront leurs noms publiés dans les journaux, « afin, dit la note, que ces messieurs ne trahissent pas les saintes aspirations de la jeunesse qui a une soif ardente d'instruction. » C'est un beau zèle, s'il est durable et sincère ; mais il ne perdrait rien à être exprimé dans un langage moins solennel.

Les distractions du carnaval n'absorbent pas tellement tous les esprits, qu'elles ne laissent une large place aux préoccupations sérieuses. Les événements qui agitent la Pologne ne pouvaient rester sans écho en Italie. Les deux nations ont souffert des mêmes maux et vécu des mêmes espérances ; soumises aux plus cruelles épreuves, elles n'ont cessé, par la voix de leurs poëtes et par l'épée de leurs soldats, de protester contre le joug de la force et des faits accomplis ; vaincues, elles n'ont pas été domptées. Alfieri songeait aux deux peuples, quand il a écrit ce beau vers :

Schiavi siam, si, ma schiavi ognor frementi.

« Nous sommes des esclaves, oui, mais des esclaves toujours frémissants. »

L'Italie a contracté une dette de reconnaissance envers son ancienne sœur en infortune. Des Polonais ont combattu sur tous les champs de bataille de l'indépendance. Le pays veut, aujourd'hui, payer cette dette; la presse italienne est la première qui ait salué de paroles d'espérance les luttes nouvelles et ait vu une révolution sérieuse dans des mouvements qui paraissaient ne devoir durer qu'un jour. Des souscriptions sont ouvertes partout, et des comités perçoivent le denier de la Pologne à côté du denier de l'Italie. A Naples, l'entraînement a été spontané et général. Des démonstrations ont été faites, en divers lieux, en faveur des insurgés. Un grand nombre d'étudiants et d'hommes de toutes les conditions ont parcouru, avant-hier soir, la rue de Tolède, en criant : « Vive la Pologne ! » Ils étaient accueillis par les applaudissements des personnes qui se mettaient sur les balcons, et par la foule qui couvrait les trottoirs. La manifestation a été, après une pacifique promenade, dispersée facilement par des carabiniers et des officiers de la questure. Le même soir, les cris de : « Vive la Pologne ! » étaient poussés au théâtre Saint-Charles; ils ont interrompu le spectacle, et la toile, tombée à 9 heures, ne s'est pas relevée.

Les Napolitains ont suivi avec un vif intérêt les débats de l'adresse qui ont eu lieu au Sénat, et surtout au Corps législatif, et ils ont lu avec le plus grand empressement les discours inspirés par la question romaine. Ils ont fortement approuvé l'amendement proposé par les députés de l'opposition, et ils n'ont pas trouvé dans les déclarations des ministres sans portefeuille des raisons de perdre toute espérance. Ils savent que la conciliation cherchée entre deux principes ennemis est impossible, et ils pensent que la France trouvera sa tâche accomplie à Rome, quand l'inutilité des efforts de la diplomatie sera manifeste pour tout le monde; ils sentent qu'ils ont pour eux la raison, le droit, les aspirations du siècle, et ils attendent la solution dernière, je ne dirai pas patiemment et en silence, mais avec confiance.

Les Italiens ne peuvent assez se montrer surpris de la sympathie qu'inspirent à quelques Français les héros du brigandage, et ils ne comprennent pas les tendres paroles et les éloges que certains hommes adressent à de vulgaires bandits. Pour que des gens honnêtes, en effet, prennent sous leur protection de tels misérables, il faut qu'ils soient aveuglés par un esprit de parti inouï, ou qu'ils ignorent absolument les faits qui se passent dans les provinces méridionales.

Les brigands ne font pas une guerre de partisans, ils n'attaquent pas à nombre égal la troupe ou la garde nationale; ils fuient quand les soldats se présentent, et n'entament la lutte que contre des détachements qu'ils surpassent deux ou trois fois en nombre. Mais quand ils rencontrent des hommes isolés, des vieillards, des femmes ou des enfants, ils leur imposent une rançon, les volent et les tuent; ils pillent et incendient les villages que ne protége aucune force; ils arrêtent les voitures publiques, et se livrent à tous les exploits qui ont rendu célèbres les Fra Diavolo, les Cartouche, les Gasparone et les bandits de tous les temps. Ils sont des assassins et des voleurs ; ceux qui les soutiennent de leurs conseils ou de leur argent, ceux qui les commandent de près ou de loin, sont, qu'ils le sachent ou l'ignorent, les complices et les chefs d'assassins et de voleurs. Les brigands, il est vrai, se disent et sont parfois bourboniens ; mais ce titre ne détruit pas leurs méfaits et ne suffit pas pour changer des crimes honteux en actions glorieuses. Ceux qui défendent une grande et noble cause se reconnaissent à d'autres signes ; ils ne pillent ni ne volent, ils respectent les vieillards et les femmes ; ils marchent droit à l'ennemi et se font tuer le front haut. Ceux qui combattent pour leur pays, sont ces braves jeunes gens de la Pologne qui se jettent sans armes sur les canons et ferment de leur poitrine la bouche qui vomit la mitraille. Ils peuvent mourir sans crainte, on ne les appellera pas des brigands, ceux-là ; victorieux ou vaincus, ils seront pour tous des martyrs.

LETTRE HUITIÈME.

Naples, février 1863.

Le désir de rénovation et d'embellissement qui anime les grandes villes de France se fait sentir à Naples ; il ne se manifeste pas avec cette *furiá francese* qui n'est point de mode en ce pays : mais une impulsion nouvelle est donnée, et le sommeil administratif, que ne troublait jadis aucun rêve d'amélioration, a fait place à une activité douce qui trouvera largement son emploi. Des rues sont percées, des forteresses sont abattues, des maisons s'élèvent. La rue de Tolède, déjà bien longue, s'allonge encore, et, dans la partie haute de la ville, se construit une grande et belle voie qui passe à travers de vieux quartiers et les remplit d'air et de lumière ; portée par des viaducs et des ponts sur des collines escarpées qu'elle unit, elle domine Naples, le golfe et ses rivages ; elle sera un jour une des plus belles promenades de l'Europe. L'administration, réveillée, par l'esprit nouveau, d'une torpeur séculaire, s'est, à côté des travaux de construction, livrée à des soins plus modestes, mais non moins utiles. Elle s'efforce d'assainir les quartiers populeux, infects autrefois, et elle fait régulièrement disparaître les immondices qui les remplissaient; elle a chassé de la rue les mendiants innombrables qui l'occupaient en maîtres, et elle a éloigné les lazzaroni de la place publique, où ils vivaient beaucoup trop en enfants de la nature. Naples est loin cependant de jouir de la propreté d'une ville hollandaise, il reste à accomplir des améliorations matérielles et morales qui tiendront longtemps en haleine le zèle de ses fonctionnaires les plus dévoués.

Dans la guerre récente faite aux vieux abus, une impureté honteuse, la Camorra, a été vigoureusement attaquée. Le général La Marmora a profité des pouvoirs étendus que lui donnait l'état de siége pour porter un rude coup à cette association criminelle; il a fait arrêter ses chefs les plus connus et ses adeptes les plus dangereux. La Camorra est une société secrète populaire dont le but est l'extorsion et le vol ; son origine est incertaine, mais elle paraît remonter à la domination espagnole. Son habile historien, M. Marc Monnier (A), pense qu'elle a été organisée dans les prisons longtemps avant de se répandre dans la ville. Elle a des règlements et des lois que conserve la tradition orale, l'écriture et la lecture étant également étrangères à ses membres. Elle forme une sorte de gouvernement occulte qui s'étend dans les bas-fonds de la société et y exerce un des priviléges les plus précieux des pouvoirs légitimes, celui de la perception des impôts. Devançant les aspirations des économistes modernes et mélangeant leurs théories aux anciennes pratiques, elle avait établi une redevance unique, la dîme, qu'elle percevait en argent; elle avait frappé de ce droit uniforme les vices, les plaisirs et le travail du peuple. Une volée de coups de bâton d'abord, un coup de couteau ensuite punissait le contribuable qui refusait de payer l'impôt. La secte avait un représentant dans les cabarets où les gens du peuple se réunissent pour se livrer aux jeux de hasard, qu'ils aiment avec passion. Le camorriste se présentait à la fin de chaque partie et demandait au gagnant sa part du dixième, qui ne lui était jamais refusée. Dans les marchés publics et dans les rues, le même droit était prélevé sur les ventes des petits marchands, sur le salaire des cochers, des portefaix, et jusque sur les aumônes reçues par les mendiants. Personne ne se révoltait contre cette humiliante iniquité: quarante ou cinquante individus réunis dans le même cabaret s'inclinaient devant le bâton du sectaire et payaient l'impôt sans plainte ni résistance. La Camorra joignait à la perception de la dîme deux branches de revenus importantes : elle faisait la contrebande sur une vaste échelle et tenait une loterie clandestine, qui inspirait aux joueurs une confiance aussi grande que la loterie patronnée par l'État. L'association recrutait ses membres parmi les hommes du peuple les plus braves, et le titre de camorriste n'était conquis qu'après de longues et périlleuses épreuves. La secte vivait en bonne intelligence avec la police et lui servait souvent d'auxiliaire.

L'accomplissement public et régulier d'injustices révoltantes, et la soumission des victimes, montrent à quelle dégradation morale l'ancien régime avait abaissé une partie de la population napolitaine.

Pendant de longues années, une société fondée sur l'audace de quelques bandits et sur la peur de toute une classe, est restée florissante en face d'un gouvernement qui disposait d'un pouvoir absolu. Le général de La Marmora, secondé par quelques hommes énergiques, a dispersé la secte ; il ne l'a pas entièrement détruite. La Camorra, frappée dans ses chefs les plus redoutables, a conservé une partie de son influence. Les coupables, enfermés à Naples dans les maisons de détention, recevaient encore le tribut habituel ; leurs victimes venaient elles-mêmes le porter dans le parloir des prisons. L'autorité a espéré supprimer ces incroyables abus en internant les camorristes dans des îles éloignées; mais le joug sous lequel ils avaient plié le bas peuple est si fort, la terreur qu'ils inspirent est si grande, qu'il suffit à leurs femmes de se présenter aux anciens tributaires pour que beaucoup d'entre eux payent comme autrefois l'impôt du dixième. Le mal, cependant, a singulièrement diminué depuis que la secte est attaquée avec vigueur et que les victimes savent qu'elles recevront du pouvoir une sérieuse et constante protection. Les crimes sont devenus moins nombreux, et le produit des octrois a augmenté dans de grandes proportions.

La suppression de la Camorra sera l'œuvre d'une longue et énergique patience; mais les sévérités et les précautions administratives ne suffiront pas seules à la détruire. La secte est le symptôme d'un mal plutôt qu'elle n'est ce mal lui-même; semblable à ces plaies qui, cicatrisées sur un point, se montrent bientôt sur un autre, elle reparaîtra tant que la cause du mal ne sera pas atteinte. C'est elle qu'il faut supprimer; elle est dans l'abaissement des classes populaires, dans leur respect de la force et leur mépris pour la justice.

Les hommes de bonne volonté doivent employer tous leurs efforts pour relever les âmes dégradées par un long joug; qu'ils montrent aux tributaires de la Camorra le droit supérieur à l'arbitraire et suscitent en eux des sentiments de dignité et d'honneur. Quand les victimes comprendront la honte de leur soumission et rougiront de leur faiblesse, la secte qui les opprime sera détruite. S'il reste encore des seigneurs du bâton et du couteau qui veuillent renouveler les humiliantes iniquités du passé, ils ne trouveront plus devant eux un troupeau d'êtres inertes, mais des hommes qui ne se courberont plus devant toutes les violences.

Un régime de liberté et de justice réparera les maux qu'avaient développés l'absolutisme et la superstition, sa digne compagne. Les institutions nouvelles commencent à faire sentir leur influence. Des Napolitains qui avaient quitté leur pays avant la révolution et qui y sont revenus depuis peu de temps, ont été surpris des changements heureux qui se sont produits dans les classes populaires. Les lazzaroni jouent toujours à la loterie, mais ils prennent un livret à la caisse d'épargne, et il ne serait pas prudent de leur faire subir les avilissantes insultes qu'ils supportaient autrefois sans plainte. Ils montrent une servilité moins grande envers ceux dont ils attendent un salaire, et ils ne prodiguent pas autant que par le passé le titre d'excellence. Saint Janvier lui-même serait discuté par eux, si j'en crois un jeune savant italien. Le protecteur de la cité, qui pour un vieux lazzarone est plus puissant que ne l'était pour un fils d'Athènes le Jupiter olympien, le grand saint dont les reliques ont purgé la ville de la peste et arrêté la lave prête à faire de Naples un autre Herculanum, verrait diminuer la confiance absolue qu'il inspirait jadis. Un doute serait né dans l'esprit de quelques hommes du peuple sur le prodige qui les charmait, et ils ne seraient plus entièrement convaincus que leur patron fît à lui seul bouillir deux ou trois fois par an le sang de la fiole mystérieuse.

Les changements que certains observateurs croient remarquer paraissent encore bien légers : ils sont des indices et des signes plutôt que des faits et des réalités sensibles, mais ils renferment une espérance que développera sans doute l'avenir. Un peuple ne se transforme pas en deux années. Les descendants des compagnons de Mazaniello ont depuis longtemps perdu l'énergie de leurs pères, et ils se préoccupent médiocrement d'acquérir les vertus qui font les citoyens. Ils n'ont pas d'opinion politique sérieuse, le gouvernement qu'ils préfèrent n'est pas celui qui les moralise et les élève, mais celui qui leur donne la vie la plus facile.

Si le sentiment politique n'est pas né dans le peuple, il a pris un grand essor dans les classes éclairées ; elles se divisent en partis bourbonien, muratiste et unitaire ; séparées sur bien des points, elles se réunissent à Naples, comme en Sicile, dans une pensée commune, l'aversion du *piémontisme*. Cette impression plus spontanée que raisonnée ne disparaîtra que le jour où l'Italie aura conquis sa capitale naturelle; jusqu'alors Naples, la vieille ville de 500,000 habitants, sera jalouse de Turin et répétera la vague et banale accusation qu'il est de mode d'adresser au pouvoir. Les amis sincères de leur pays devraient renoncer à une guerre de mots qui ne profite qu'à leurs adversaires, et montrer par leur langage comme par leurs actes qu'il n'y a en Italie que des Italiens. Les ennemis qu'ils ont à combattre ne sont pas les Piémontais qui n'existent plus, mais les partis qui s'agitent et s'efforcent d'arrêter l'œuvre de l'unité nationale.

Le parti bourbonien est le plus important; il se compose d'une portion du clergé et de l'ancienne aristocratie, et il puise une certaine force dans le nombre assez considérable de ses anciennes créatures, conservées dans les fonctions de la magistrature et dans les administrations qui siégent à Naples. Dans les campagnes, les nobles sont les plus grands propriétaires; ils soutiennent les brigands, et ils répandent le bruit que François II doit, au bout de peu de temps, rentrer dans ses anciens États. Le parti reçoit sa direction de Rome, il a pour agents actifs des prêtres, des moines et des femmes. Il est habile et il noue de toutes parts des intrigues; mais il n'a pas l'énergie et la force nécessaires pour susciter des troubles dans les villes. Une manifestation qu'il a voulu faire, il y a deux mois, à Naples, dans le quartier Sainte-Lucie, s'est dispersée devant quelques soldats. Ses entreprises dans les campagnes sont plus sérieuses; il organise des bandes de brigands qu'il lance sur les provinces dégarnies de troupes. Cette association des partisans du droit divin et des voleurs de grande route a déconsidéré la cause bourbonienne auprès de tous les hommes honnêtes, et a enlevé au prince qui la représente cette sympathie qui s'attache naturellement à la jeunesse et à un malheur noblement supporté. Les exploits du brigandage ont donné le dernier coup à la royauté des Deux-Siciles.

Il est un autre parti plus nominal que réel qui n'existe que dans la portion continentale de l'ancien royaume, c'est le muratisme. Il se compose de quelques adhérents que ne précède pas résolûment un prétendant, et que des soldats ne suivent pas. Il attirait autrefois les mécontents qui préféraient l'inconnu à un mal certain, et qui attendaient d'un nouveau régime une constitution et des libertés. L'influence du parti a disparu avec les Bourbons. Leur chute lui a enlevé sa raison d'être. Il n'est pris au sérieux par personne, et il n'est défendu, même timidement, par aucun journal. Représenté par quelques chefs subalternes, qui ne rachètent pas leur petit nombre par leur valeur morale, il n'a de racines et d'attaches ni dans le peuple ni dans les classes éclairées. Le parti muratiste, à Naples, n'est pas un parti : il n'est qu'une intrigue.

La portion jeune et forte de la nation, celle qui. agit et a devant elle l'avenir, est entrée résolûment dans la politique unitaire. Elle veut appartenir à un pays grand, libre et respecté. Elle demande une large décentralisation, la création d'une forte armée et d'une marine de premier ordre, et elle aspire avec ardeur après l'achèvement de l'œuvre italienne. Elle forme le grand parti unitaire. Il se subdivise en deux fractions qui ont le même but, mais qui ne veulent pas, pour l'atteindre, employer les mêmes moyens. L'un forme le parti d'action frappé à Aspromonte, mais bien vivant encore; l'autre est le parti modéré. Ils luttent au Parlement et dans les journaux; mais ils se réunissent dans une pensée commune de résistance aux Bourbons et aux menées cléricales, et ils se groupent avec une égale énergie autour de Victor-Emmanuel, représentant de la liberté et de l'unité italienne. Ils font taire leurs rivalités devant les questions de principes; ils concourent en ce moment avec une généreuse ardeur à la souscription faite pour les victimes du brigandage.

Cette œuvre, patronnée par le gouvernement, a été chaudement soutenue par le parti unitaire tout entier. Les divisions ont disparu et se fusionnent dans une même manifestation libérale. Le pays a répondu à l'appel qui lui était fait: il souscrit avec enthousiasme à l'obole de l'unité, manifeste la ferme volonté de conserver le régime qu'il a choisi et confirme par le vote de la charité le vote de la révolution. Cet heureux résultat de l'union des deux fractions montre leur force, et prouve qu'au grand parti unitaire appartient l'avenir de l'Italie.

LETTRE NEUVIÈME.

—

Naples, mars 1863.

Naples, riche cité gréco-romaine, ne contient aucune ruine antique: capitale hier encore d'un État important, les monuments modernes qu'elle renferme n'ont ni élégance ni grandeur. C'est dans les campagnes environnantes qu'il faut aller chercher les souvenirs du passé et admirer, au milieu des beautés de la nature, les œuvres de l'intelligence humaine. A quelques pas de la ville, se présente une longue et haute galerie souterraine qui, comme nos tunnels, traverse une montagne et sert de route aux habitants du pays depuis l'époque la plus reculée. Elle conduit au village de Pouzzoles, où e trouvent les restes d'un beau temple consacré à Séraphis, et un vaste amphithéâtre que trente mille spectateurs remplissaient à peine.

Plus loin, sur les coteaux de Baïa, paraissent les ruines des villas célèbres qu'habitaient pendant l'été les riches patriciens de Rome. Cicéron, Pompée, César, avaient leurs maisons de plaisance sur ces rivages qu'ont chantés les poëtes de tous les temps :

> Nullus in orbe sinus Baiis prælucet amænis,

dit Horace, dans un vers d'une grâce intraduisible. Ces campagnes, si brillantes et si riches autrefois, sont presque désertes aujourd'hui ; elles sont toujours belles, mais un air insalubre en a chassé les habitants. La petite rade de Baïa est terminée par le cap Misène qu'a immortalisé Virgile. On peut partir de ce point pour visiter les îles du golfe de Naples : Procida, dont les femmes portent, les jours de fête, le costume grec ; Ischia, où les Romains allaient, comme les Italiens modernes, prendre des bains d'eaux thermales, et Capri, sur laquelle plane encore le souvenir de Tibère. Les habitants de Capri montrent de toutes parts des ruines ; on croit trouver en elles les traces des douze palais où le monstre couronné abritait ses débauches et ses crimes.

L'intérêt que présentent les restes incomplets et les débris mutilés de Pouzzoles, de Baïa et des îles, s'efface devant les impressions puissantes qu'éveille la vieille ville retrouvée de Pompéi ; elle reparaît à la lumière après dix-huit siècles d'oubli, et vient aux hommes de ce temps raconter les merveilles du monde antique. Pompéi fut ensevelie l'an 79 de notre ère par une éruption du Vésuve que l'on croyait éteint. Herculanum et Stabie furent détruites par la même catastrophe. Les habitants du pays, insouciants du péril, élevèrent à côté et au-dessus des villes recouvertes de cendres et de laves des constructions nouvelles ; ils en étaient arrivés à ignorer la situation et presque l'existence des anciennes cités, quand un hasard heureux fit découvrir Pompéi. Des paysans qui travaillaient dans une vigne trouvèrent, en 1748, des objets d'art et des murailles. Des fouilles furent ordonnées par le roi Charles III, qui régnait alors ; conduites avec soin, elles mirent à nu des quartiers entiers. Ces travaux se sont continués avec des interruptions et des lenteurs, et les deux tiers de la ville qui restent encore à déblayer ménagent aux curieux et aux savants une source abondante d'émotions et d'études. Les fouilles se font avec une grande activité depuis la révolution ; elles sont très-habilement dirigées par M. Fiorelli, un des premiers antiquaires de l'Italie.

Pompéi était bâtie au pied du Vésuve et touchait presque à la mer, dont elle est éloignée maintenant d'un quart de lieue environ. Elle est à une heure de Naples, et un chemin de fer passe devant elle. La vieille ville a une station comme Meudon et Saint-Cloud. La locomotive s'arrête à quelques pas de l'ancienne porte de la Marine. Une route montante y conduit. Les temps modernes se présentent inopinément sous la forme d'une de leurs moins gracieuses inventions. Un tourniquet se dresse devant les visiteurs, et il ne leur permet l'accès dans le monde antique que lorsqu'ils ont pris leur billet et payé un droit d'entrée. C'est un octroi d'un genre nouveau.

La vieille ville a été changée en une sorte d'*exhibition* ou de *palace-cristal* dont l'antiquité fait les honneurs et les frais. Un gardien fourni par l'autorité s'empare de chaque groupe de voyageurs et lui fait parcourir Pompéi à un pas administratif qui ne permet ni les retours vers les merveilles ni les admirations trop longues. La promenade, pour être un peu rapide, n'en est pas moins pleine d'étonnements et de charme. Ce n'est plus dans des textes incertains et morts qu'on revoit le passé, c'est dans une réalité matérielle et palpable.

Pompéi est un modèle en petit, une sorte de miniature conservée sous la cendre de la grande civilisation antique. Le monde gréco-romain y revit avec ses mœurs, sa religion et ses arts. Quand on parcourt la ville retrouvée, quand on voit ses maisons ornées de fraîches mosaïques et de peintures, ses rues bordées de trottoirs, ses temples et son forum de marbre, ses bains élégants et les enseignes de ses marchands, les temps présents disparaissent et l'on se trouve en pleine antiquité. L'esprit évoque sans effort les fantômes du passé ; les places publiques et les rues se remplissent de gracieuses Pompéiennes couvertes du péplum aux longs plis, de jeunes hommes portant la toge, et dans le lointain s'enfuient les chars dont les roues laissent encore sur le pavé leur empreinte. L'illusion serait longue et complète si le promeneur n'était souvent rappelé à la réalité par le guide qui l'a accueilli à l'entrée. Le *cicerone* officiel garde autant qu'il conduit dans ce merveilleux musée. Les précautions de l'autorité ne sont, du reste, que trop légitimes. Des étrangers, des Anglais surtout, poussés par le sot désir de rapporter dans leur vulgaire logis un souvenir pompéien, ont brisé des fresques ou mutilé des monuments pour en prendre les morceaux. On a mis bon ordre à ces vols ridicules et à ces méfaits barbares, en donnant à tout visiteur un employé qui protége la ville contre les enthousiasmes coupables des touristes dévastateurs. Ce garde du corps fatigue le voyageur honnête de paroles inutiles, et il lui rappelle trop souvent que s'il foule un sol antique, les temps ne sont plus où ces lieux étaient brillants de richesses et de vie, et où l'humanité adorait encore les dieux jeunes et beaux de Phidias et d'Homère.

Les maisons de Pompéi sont toutes construites

sur le même plan ; elles sont petites, mais décorées avec un luxe du meilleur goût. On entre dans la maison par un vestibule étroit, dont le pavé en mosaïque représente des dessins divers, des dauphins, des tritons, des instruments de musique ou des fleurs. Souvent, sur le seuil est écrit : *Ave, salve* ; bonjour, salut. A l'entrée d'une belle maison se trouvait dessiné en mosaïque un chien enchaîné avec ces mots : *Cave canem*, « prends garde au chien. » Sur le pavé d'une autre récemment découverte se lisent ces paroles de bien venue qui seraient du meilleur effet sous la porte du grand hôtel financier de la place Vendôme : *Salve lucrum*, « salut au gain », disent-elles à l'hôte qui se présente. Le vestibule conduit dans l'*atrium*, salle carrée dont le plafond ouvert éclaire les appartements intérieurs et laisse passer les eaux pluviales qui tombent dans un bassin en marbre appelé *impluvium*. Les clients et les visiteurs ordinaires étaient reçus dans l'*atrium*. Autour de cette pièce sont placées des chambres petites et sombres comme nos alcôves et ornées néanmoins de ravissantes peintures. Les couches des Romains étaient étroites et bien différentes des vastes lits de leurs descendants. Après l'*atrium* vient le *tablinum*, pièce plus riche et moins grande que la précédente, et dans laquelle avaient seules accès les personnes de distinction. C'est là qu'étaient conservées les archives de la famille et les images des ancêtres. Derrière cette salle se trouve la partie de la maison consacrée spécialement à la vie privée, et communiquant à l'*atrium* par des corridors appelés *fauces*. C'est le *peristylium* ou cour ouverte au milieu : elle est entourée d'un portique supporté par des colonnes sous lequel s'abritait la famille pendant les pluies et les fortes chaleurs.

Le centre formait un petit jardin planté de fleurs rares et décoré de statues. Près du jardin parfois, dans l'*atrium* souvent, s'élève l'autel dédié aux dieux pénates. Les Napolitains ont conservé l'usage antique : ils ont remplacé l'autel par ces petites chapelles que décorent les images de la madone et des saints protecteurs. Autour du péristyle sont les chambres des femmes et la salle à manger, *triclinium*; où étaient placés les trois lits de bronze couverts d'épais coussins sur lesquels s'étendaient les convives. Certaines maisons ont encore la bibliothèque et la *pinacoteca* ou galerie de tableaux. Au fond se trouve souvent un jardin étroit planté d'arbustes et de vignes, et décoré d'une fontaine. C'était là que pendant l'été se dressait sous la treille la table du repas. Les chambres supérieures servaient habituellement de logement aux esclaves et de grenier pour les provisions. Telle est la distribution ordinaire des belles habitations de Pompéi. Les maisons des riches patriciens ne couvraient pas les larges espaces qu'occupent les palais des Italiens modernes : les salles étroites n'étaient pas des-

tinées aux réceptions et aux fêtes, mais à la famille
et à la vie privée. Les Romains étaient avant tout
citoyens, et ils passaient au Forum, sous les portiques et dans les temples, les heures les plus nombreuses de la journée. La grandeur et la beauté de
leurs monuments publics montrent l'importance
qu'ils attribuaient à tous les actes de la vie politique. Ils décoraient avec magnificence les lieux
favoris de leurs réunions, et ils ressentaient pour
eux une affection domestique et un orgueil national.

Les Pompéiens avaient introduit l'élégance et
l'art dans leurs étroites mais gracieuses demeures,
et ils décoraient avec un goût exquis les meubles
les plus vulgaires et les plus simples. Leurs ba-
lances ont pour poids de charmantes têtes grecques,
les ustensiles de cuisine sont ornés de figures, et
leurs brasiers sont ciselés avec un soin infini. Les
maisons et les plus simples boutiques sont couvertes de fresques. Les unes, rapidement faites,
sont les copies médiocres d'œuvres célèbres, les
autres révèlent des artistes de premier ordre, et
sont exécutées avec une sûreté de main et une vigueur d'inspiration que n'auraient pas désavouées
les maîtres de la renaissance. La plupart des peintures représentent des sujets mythologiques; quelques-uns indiquent la profession du propriétaire.
Chez un aubergiste, des buveurs sont installés devant des flacons pleins de vin ; chez un teinturier,
des peintures montrent des hommes, des enfants et

des femmes plongeant des étoffes dans une eau noire et cardant des laines ; on voit aussi la machine à mettre en presse. Les monuments publics et les maisons renfermaient un peuple de statues qui ont été transportées à Naples, et font du musée de cette ville un des plus riches et des plus curieux de l'Europe.

Le visiteur qui est entré dans Pompéi par la porte de la Marine sort par celle d'Herculanum. Devant lui s'étend une voie pavée de larges dalles et bordée des deux côtés de monuments funèbres. Les anciens élevaient ordinairement sur le bord des routes les monuments des personnages importants de la cité et des grands hommes; les inscriptions qui disaient leurs vertus étaient un dernier enseignement que les morts illustres donnaient aux vivants. La rue des tombeaux est rapidement parcourue; avec elle s'achève l'excursion dans le monde romain; le rêve antique s'envole. A la porte de la vieille ville paraît le chemin de fer qui vient, au voyageur frappé de la grandeur d'une civilisation éteinte, rappeler les merveilles des temps nouveaux.

LETTRE DIXIÈME.

—

Rome, mars 1863.

Il est dans l'année deux époques, le carnaval et le carême, qui ont le privilége d'attirer en foule les voyageurs à Rome. Ils vont assister aux réjouissances bruyantes des jours gras et aux cérémonies religieuses de la semaine sainte. La gaieté italienne s'est tue cet hiver dans la ville des papes. Les étrangers amoureux de *confetti* et de promenades en carrosses se sont donné la représentation d'un carnaval romain auquel n'ont pas pris part les habitants de Rome. Tout s'est passé entre Anglais, Français, Russes, et quelques agents de la police pontificale. Cette contrefaçon d'une fête nationale a obtenu un succès médiocre, et elle a laissé sans regrets ceux qui ont préféré le ciel napolitain à des mascarades de convention et à des joies de commande. Les solennités du carême ne sont pas soumises aux intermittences que subissent ici les plaisirs ; elles seront célébrées cette année avec leur éclat accoutumé. J'étais désireux de me trouver à Rome au moment où la théocratie déploie toutes ses pompes, et j'ai quitté Naples en jetant un triste et long regard d'adieu sur les eaux bleues de son golfe enchanté.

Un chemin de fer relie les deux villes ; il vient, après bien des retards et des entraves administratives et politiques, d'être livré tout entier à la circulation publique. On met treize heures à parcourir une route qui pourra facilement se faire un jour en un temps moitié moins long. Cette lenteur est un compromis entre l'ancien voiturin et la rapidité actuelle; elle a ses avantages : elle permet d'admirer un pays pittoresque et plein de grands souvenirs. Le chemin traverse des régions montagneuses dont la configuration explique les difficultés de la guerre contre le brigandage. Les grands centres de population sont rares; les habitants des villages viennent sur le bord de la route voir les chars que ne conduit aucun être animé. Ils regardent avec étonnement le train qui passe, et, dans les parties du chemin nouvellement ouvertes, ils se groupent en grand nombre aux stations; ils fixent sur les voyageurs de grands yeux noirs immobiles, et ils ne paraissent pas bien convaincus de ne point avoir devant eux le produit de quelque œuvre diabolique. Ils commencent à prendre confiance cependant, et ils se hasardent à entrer en communication avec le *forestiere* (l'étranger), en lui demandant l'aumône d'une main, pendant que de l'autre ils font le signe qui garantit de la *gettatura*. Les femmes ont un costume original, où brillent les étoffes rouges et éclatantes qu'en tout pays aiment les gens des campagnes, et elles portent toutes, attachées à des colliers, de petites mains ou des cornes de corail, qui sont, avec le fer à cheval, les préservatifs les plus sûrs contre le mauvais œil. Elles attribuent aux objets fourchu et pointus les vertus que les savants reconnaissent aux tiges aiguës du paratonnerre; par ces engins protecteurs est détournée la foudre que contiennent les yeux des sorciers.

La première ville importante que l'on rencontre après Naples est Capoue; elle est noire et sale, et ne séduirait plus un vainqueur, fût-il Africain. Annibal en a si bien épuisé les délices, qu'elle n'offre plus la moindre ressource aujourd'hui. Deux ou trois heures plus tard, on passe à San-Germano, au pied du mont Cassin, où saint Benoît fonda l'ordre célèbre auquel il a donné son nom; le monastère est situé comme un nid d'aigles sur une roche escarpée, et domine une vaste région de hautes et pittoresques montagnes. On arrive, après avoir franchi plusieurs stations, à Ceprano, première ville des États qui restent encore à l'Église. Le train s'arrête, les gendarmes se présentent et demandent les passeports, et les douaniers soumettent les bagages à un premier examen qui sera renouvelé à Rome. Ces divers soins, lentement et minutieusement accomplis, font perdre une heure et demie; ils ne sont pas une vaine formalité. Malheur au voyageur qui a oublié de prendre un *visa* ou négligé d'acquitter un droit de chancellerie; il est arrêté au passage. Une servante étrangère, qui ne savait ni la langue italienne ni les exigences romaines, a été retenue pour une irrégularité quelconque de passeport; elle a été internée dans Ceprano et y est restée sous la surveillance de la police, jusqu'à ce qu'il ait été bien prouvé, sans doute, qu'elle n'avait pas l'intention de renverser le gouvernement des cardinaux. On assure que les gendarmes pontificaux adoucissent beaucoup leurs rigueurs quand se présentent à la frontière les bandits napolitains.

Après un long repos, le convoi s'est remis en marche; il a traversé le territoire des Herniques, le vieux pays des Volsques, le désert qui entoure Rome, et il est entré dans la ville éternelle par une brèche faite au mur d'enceinte. La gare est placée près des thermes de Dioclétien, et elle occupe un large espace qui permettra de lui donner, s'il est nécessaire, un grand développement. Le supplice de la douane recommence à l'arrivée. Les malles sont bouleversées et scrutées dans les moindres recoins : les livres sont examinés comme par des sectaires de l'Inquisition et des membres de la congrégation de l'*Index*; les papiers sont lus, les cartes photographiques sont triées. Un temps considérable est perdu. Il faudrait peu de visites semblables pour convertir à la théorie du libre échange le protectionniste le plus absolu.

L'impression que le voyageur éprouve en entrant dans Rome est triste et pénible; elle ne répond pas à la pensée qu'il s'était faite de la ville du Capitole et du Vatican. Ce n'est qu'après un long séjour et de nombreuses promenades dans la cité antique que sa grandeur se révèle et que l'esprit est saisi de cette admiration grave et profonde que ressentent pour Rome toutes les personnes qui l'ont habitée. La plus grande partie de la ville s'étend sur la rive gauche du Tibre; de ce côté du fleuve sont les sept collines célèbres; amoindries par les exhaussements du sol, elles sont encore cependant faciles à reconnaître. Si, de la gare du chemin de fer de Naples, l'étranger est conduit à l'hôtel de la Minerve, où les Français vont d'habitude, il traverse d'abord des terrains abandonnés et des rues désertes, et il arrive dans un quartier où les maisons paraissent jetées comme au hasard dans un pêle-mêle incohérent; les rues sont étroites et tortueuses, et ne suivent, dans leur distribution et leur parcours, aucun plan logique. Des angles rentrants et sortants et des sinuosités bizarres se présentent partout, et donnent à cet assemblage de maisons l'aspect d'un vaste labyrinthe. Cette partie de la ville est une des plus anciennes de la Rome actuelle. Elle a été élevée sur le champ de Mars, après que la cité des rois eût été incendiée par les Gaulois; elle fut bâtie avec une grande précipitation et sans nul souci d'alignement. Les habitations détruites par les guerres et le temps ont été réédifiées toujours sur le même emplacement, et les vices de la construction primitive se sont perpétués jusqu'à nos jours. Cet amas de rues confuses est le centre de la ville: en montant du côté du Tibre, on rencontre les quartiers neufs et riches; en descendant le fleuve, on arrive à la Rome antique.

Les quartiers nouveaux aboutissent à une belle place monumentale, appelée la place du Peuple ; elle est située près d'une porte du mur d'enceinte, et fait à ce côté de la ville une entrée remarquable. Trois rues bien alignées partent de la place ; elles s'écartent en éventail et forment, en pénétrant dans Rome, une belle perspective. La rue qui est au centre est l'ancienne voie Flamminia, le Corso aujourd'hui; elle va se perdre dans les quartiers qui touchent au Capitole. Dans le Corso se fait, vers quatre heures, la promenade des équipages. Ce passe-temps est la principale distraction de l'aristocratie romaine. C'est là qu'ont lieu au carnaval les courses de chevaux libres et les fêtes populaires. Cette partie de la ville est la plus vivante ; elle est habitée par un grand nombre d'étrangers, mais elle ne présente pas le puissant intérêt qu'offrent les lieux où s'élevait la Rome de la République et des Césars. C'est de l'autre côté du champ de Mars qu'il faut aller la chercher. Des désignations modernes ridicules défigurent ou souillent les grands noms de l'antiquité, et des ruines à peine reconnaissables remplacent les monuments des empereurs et des dieux. Le Capitole est devenu le *Campi d'oglio*, le champ de l'huile ou du colza ; le Forum n'est plus que le *Campo vaccino*, le champ des vaches, et il ne reste que quelques blocs de pierre du temple de Jupiter Capitolin. Ces injures des hommes et du temps n'ont pu détruire le prestige qui entoure ce coin de terre, et nul ne le foule sans une respectueuse émotion. Le Capitole est toujours un lieu élevé ; il est partagé en deux plateaux : sur l'un est l'église d'*Ara cœli* ; sur l'autre, le palais du Sénat. Le titre de sénateur, si grand dans la vieille Rome, n'est qu'une illusion ; il cache, sous un souvenir pompeux, un simple officier municipal splendidement vêtu, mais muni des plus faibles pouvoirs.

Une pente rapide conduit du Capitole au Forum. De cette enceinte où se sont décidées les destinées du monde, il ne reste plus qu'une place informe et à surface inégale : les siècles ont accumulé les décombres, et la voie antique est de 20 pieds au moins plus basse que le sol actuel. Du centre de la place, ou de ses bords s'élèvent des fûts de colonnes et les débris des nombreux monuments qui la décoraient ou l'entouraient; ils se dressent avec une majesté solitaire ou sont enchâssés dans des églises qui ont été bâties sur l'emplacement des temples. Le nom de quelques-unes de ces ruines est tellement incertain, qu'une désignation acceptée pendant vingt ans est souvent remplacée par une nouvelle que le même sort attend.

Le Forum est dominé par le mont Palatin, où de grands citoyens, les Gracques, Cicéron, Hortensius, avaient leurs demeures, et où se trouvait le palais des Césars. On suit, en le quittant, la voie sacrée, dont certaines parties conservent encore le pavé antique; elle passe sous l'arc de Titus, le plus petit et le plus élégant monument de ce genre qui soit à Rome. Il fut élevé en l'honneur de la conquête de Jérusalem; des bas-reliefs, qui révèlent un grand art, figurent le triomphe de Titus : ils représentent le char du vainqueur, des prisonniers d'Israël, les vases sacrés, la table d'or et le célèbre chandelier à sept branches. Les Juifs, assure-t-on, évitent encore de passer sous ce monument qui rappelle la ruine de leur patrie. Plus loin se rencontrent d'autres débris et l'immense ruine du Colysée dont les gradins contenaient plus de cent mille spectateurs. Ce vaste amphithéâtre a servi de forteresse pendant les guerres civiles du moyen âge et il a été plus tard exploité comme une carrière. Les riches patriciens, les Barberini surtout, y prirent des matériaux pour leurs palais. Un jeu de mot latin a été le vengeur insuffisant de ce vandalisme : *Quod non fecerunt Barbari, fecerunt Barberini*, dit-il : « Ce que n'ont pas fait les Barbares, les Barberini l'ont fait. » Cette partie de Rome, fort éloignée encore des murailles qui forment l'enceinte de la ville, n'est pas habitée. Le promeneur rencontre, en s'avançant vers les portes, des vignes, des champs, et des terres incultes; il ne voit dans ces vastes espaces, couverts autrefois de riches demeures, que des débris épars, et il n'entend, dans ces solitudes que remplissaient les bruits d'une ville immense, que les chants des oiseaux qui disent au milieu des ruines l'éternelle chanson du printemps. Il ne faut pas sortir de Rome pour trouver le désert, il est dans la ville : il ne recule pas, il avance, et il chasse devant lui la vie qui se resserre et diminue chaque jour.

Sur la rive droite du Tibre s'étend la ville sacerdotale ; elle renferme les quartiers du Transtévère et du Borgo, et le Vatican que les papes habitent ; elle est dominée par l'église Saint-Pierre, dont l'audacieuse coupole paraît planer sur elle. Quatre ponts l'unissent à la Rome antique. Le principal, le pont Saint-Ange, est commandé par le môle d'Adrien, qui, de tombeau d'un empereur, est devenu la forteresse des papes. Les Français l'occupent aujourd'hui. Une large rue conduit à la basilique de Saint-Pierre; c'est dans ce vaste temple, le plus grand monument catholique, qu'ont lieu les cérémonies célèbres de la semaine sainte. Admirable de majesté grandiose à l'intérieur, il possède une façade médiocre. Il est précédé d'une grande place que décorent une colonnade imposante et deux belles fontaines d'où s'élancent des gerbes d'eau superbes. L'abondance et la pureté des eaux est le luxe de Rome. Dans tous les quartiers se trouvent de nombreuses fontaines ; quelques-unes sont de très-beaux monuments d'où sortent des fleuves entiers : elles ne s'arrêtent ni jour ni nuit, et ne sont pas intermittentes et destinées aux jours de fêtes comme celles de France. Elles donnent une eau excellente vingt-quatre fois plus abondante que celle de Paris pour une population dix fois moins grande. Cette richesse n'est qu'une faible partie de l'opulence antique ; la plupart des anciens aqueducs sont détruits et beaucoup de sources sont perdues. Les eaux qui se trouvent dans tous les quartiers, et sont une rafraîchissante parure pour les jours brûlants de l'été, devraient faire de Rome une des villes les plus propres de l'Europe. Il est loin d'en être ainsi : les rues sont sales, et les eaux courantes ne sont nullement utilisées pour leur entretien. Parmi les vertus romaines ne se trouve pas la propreté.

Rome a la grandeur matérielle et morale d'une capitale, mais elle n'en possède ni le mouvement ni l'éclat. Sa population, peu nombreuse. est insuffisante à lui donner cette apparence d'activité et de vie qui frappe dans les grandes cités modernes. Les rues, peu fréquentées le jour, deviennent désertes le soir. Le peuple romain a l'aspect grave comme le pays qu'il habite; il n'a pas oublié la gloire des ancêtres, et ce souvenir, qui le poursuit comme un remords, augmente les misères et les tristesses que le temps présent fait peser sur lui. Il n'a rien de cette mobilité de geste et d'expression et de cette gaieté facile qui brillent chez le Napolitain; il est digne et sombre, et semble porter le deuil de sa grandeur passée; il a conservé le type célèbre que reproduisent les médailles et les bustes antiques, il n'est pas rare de rencontrer dans les quartiers populaires des visages que l'on a vus aux musées du Capitole et du Vatican. Les hommes ont la figure intelligente et ferme; ils ont le front court et large et l'œil sévère, et ils se drapent dans de larges manteaux comme les anciens dans la toge. Les femmes sont très-belles, grandes et bien faites dans leur jeunesse; elles ont des tendances à grossir de bonne heure, ce qui leur fait dire que le climat de Rome engraisse ; elles ont de beaux yeux pleins d'expression, et des cheveux noirs éclatants. Les femmes du peuple vont habituellement la tête découverte, parée de leur seule chevelure, qu'elles disposent avec un grand goût, à la manière des statues antiques. Elles affrontent la bise l'hiver, le soleil l'été, d'un front que ne rougit ou n'altère ni le froid ni la chaleur.

Les Romains ont conservé en partie dans leurs mœurs la fierté que révèle leur aspect; ils n'aiment pas les familiarités déplacées, et ils n'ont jamais permis les plaisanteries équivoques que supportait avec un sourire d'esclave le lazzarone napolitain. Ils tirent avec une rudesse sauvage, mais énergique, vengeance des outrages faits à leur honneur. S'ils sont insultés, un *accidente*, « malheur à toi », que suit bientôt un coup de couteau, vient souvent punir l'imprudent qui les a blessés. Ces mœurs sont barbares, mais elles ne révèlent pas une race avilie. Un gouvernement honnête et fort pourra, de cette criminelle énergie, faire une force et une vertu; il y trouvera un élément puissant pour reconstituer une grande nation. On peut tout espérer d'un peuple quand ceux qui le composent ont le cœur haut et ont conservé entier le sentiment de la dignité humaine.

LETTRE ONZIÈME.

Rome, mars 1863.

Rome traverse une période de fêtes religieuses et mondaines. Les offices du carême se font avec leur pompe habituelle; le chapeau a été remis, dans un consistoire public, à quatre cardinaux récemment nommés, et de grandes réceptions ont eu lieu chez l'ambassadeur de France et chez les nouvelles éminences.

La foule se presse à ces réunions diverses. La chapelle Sixtine est trop étroite pour contenir les personnes qui désirent se trouver à la messe qui y est dite tous les dimanches du carême. Le pape y assiste entouré du sacré collége. Les Anglais dominent dans la foule plus empressée que pieuse, et font à la solennité catholique un public nombreux de protestants. Les femmes ne sont admises dans la chapelle que la tête couverte d'un voile ; les hommes doivent porter un costume officiel ou l'habit noir. Les cardinaux entrent habituellement deux à deux ; ils parlent ensemble en allant vers leurs bancs et se font les plus gracieux sourires ; ils sont accompagnés par des gentilshommes de leurs maisons vêtus de surplis, qui tiennent avec négligence la queue de la robe de leurs maîtres et se livrent à des conversations fort animées ; ils se nomment les caudataires. Les cardinaux sont assis sur de longs bancs, et leurs suivants prennent place à leurs pieds, sur des siéges très-bas. Le pape entre par une porte située au fond de la chapelle et monte sur un trône élevé. Les cardinaux vont processionnellement lui baiser la main et reprennent ensuite leurs places. Ce cortége des prélats marchant avec gravité, montant avec lenteur les degrés du trône et s'inclinant devant le pontife, ne manque pas de grandeur, et cette réunion, composée de deux étages d'hommes vêtus de robes à longs plis, forme un tableau bien disposé et plein d'éclat. La majesté de l'assemblée est diminuée par l'attitude de quelques-uns de ses membres : les cardinaux ne gardent pas tous ce silence et cette immobilité de statue que l'on se plairait à trouver chez des personnages aussi graves ; ils causent parfois ensemble, et regardent volontiers les fidèles et les infidèles qui sont venus les voir.

Les serviteurs assis à leurs pieds ne sont en rien troublés par la dignité du lieu; ils s'appuient sur leurs coudes, continuent les conversations qu'ils ont commencées en arrivant, et ils échangent ensemble des prises de tabac amicales. Les cardinaux se retirent aussitôt que la messe est terminée ; ils sont suivis par leurs caudataires, qui partent d'un air joyeux, et serrent en spirale et tournent de la plus étrange manière la queue de la robe de leurs maîtres. Ce mélange de grandeur et de sans-façon se voit souvent en Italie: on le trouve chez les hommes haut placés et dans les solennités religieuses et civiles. A l'une des grand'messes dites dans la chapelle Sixtine pendant le carême, à celle du dimanche de *Lœtare*, le pape bénit la rose d'or. [Elle est envoyée tous les cinq ans à une princesse catholique ou à un sanctuaire célèbre. Les anciens pontifes la donnaient au sénateur de Rome. Alexandre VI la gardait volontiers pour sa famille, et l'offrait à sa fille Lucrèce. La rose est un véritable petit rosier en or, et vaut une douzaine de mille francs.

Le pape assiste toujours, quand il est bien portant, aux cérémonies qui sont faites dans la chapelle Sixtine; il a été présent cette année à toutes les messes qu'on y a célébrées pendant le carême. Pie IX a une belle figure de pontife, régulière et bonne ; il a vieilli beaucoup depuis quelques années, mais son aspect ne révèle pas cet affaiblissement et cette langueur dont les journaux le prétendent atteint; il a la voix sonore et belle, et chante avec force et sans effort. L'apparence extérieure indiquerait chez le pape une santé vigoureuse, s'il ne marchait souvent avec difficulté, d'un pas lourd, pesant et gêné; il est sujet à des syncopes de durée inégale qui reparaissent à des intervalles variables et sont une cause d'inquiétude sérieuse. Ces accidents, qui s'étaient renouvelés avec une fréquence grave pendant le mois de janvier, ont maintenant cessé. Le pape cependant a l'esprit frappé, assure-t-on; il croit que cette année sera la dernière de sa vie, et on lit souvent sur son visage, qui ne sait pas l'art de dissimuler les impressions, une tristesse résignée, mêlée à une douce dignité.

On voit beaucoup Pie IX en ce temps-ci; il va le dimanche à la chapelle Sixtine, et il descend tous les vendredis dans Saint-Pierre, entouré de sa cour et de ses gardes, pour prier devant les reliques déposées dans plusieurs chapelles, et gagner les indulgences attachées par lui ou par ses prédécesseurs à cet acte de dévotion. Le 25 mars, il s'est rendu en grand gala à la vieille église de la Minerve, située près du grand hôtel qui porte le même nom; des soldats français et pontificaux formaient la haie et s'agenouillaient sur le passage du pape. Il était avec deux des nouveaux cardinaux dans un lourd et vaste carrosse, semblable à ceux que représentent les gravures du règne de Louis XIV. La voiture était toute brillante de glaces et d'or; elle était traînée par six chevaux richement caparaçonnés, que guidaient des cochers couverts de grandes perruques et d'éclatantes livrées. En avant marchait d'un pas capricieux une mule blanche ; elle était montée par un cavalier à longue robe qui portait la croix. Le cortége, éclairé par un beau soleil, étincelait de pierreries, d'or et de soie : il formait un défilé superbe dont on eût fort admiré la pompe à l'Opéra. Quand il a passé devant l'hôtel de Minerve , des balcons couverts de nobles étrangères, est tombée une pluie de fleurs et sont partis les cris de : *Vive le pontife-roi!* En même temps, des mains gracieuses agitaient avec ardeur des mouchoirs. Les acclamations étaient répétées par de petits groupes stationnant sur la place qui touche à l'hôtel ; ils avaient été conduits sans nul mystère quelques instants auparavant par les ordonnateurs de la manifestation et dispersés par eux comme des claqueurs de théâtre. Le public restait respectueux et froid. On voyait peu de Romains parmi les spectateurs. Les habitants de la ville évitent de se trouver sur le passage du souverain ; la petite démonstration faite à la Minerve se renouvelle tous les ans au mois de mars avec la même mise en scène et le même succès.

Peu de jours avant cette solennité, il avait été tenu, dans une chapelle du Vatican, un consistoire public, et quatre cardinaux avaient reçu le chapeau. Le pape a paru dans l'assemblée porté par six hommes vêtus de rouge, sur un trône que l'on nomme la chaise gestatoire. Des évêques en grand nombre et des gardes nobles précédaient le souverain pontife, et derrière lui se dressaient de larges éventails faits en plumes de paon. Il a pris place sous un baldaquin disposé au fond de la chapelle. Les anciens cardinaux présents à Rome assistaient au consistoire ; on citait les noms de plusieurs, mais un seul, le cardinal Antonelli, attirait à lui tous les regards : il les supportait d'un air très-dégagé et en homme habitué à la curiosité publique. Il a une figure énergique ; son teint est olivâtre et ses lèvres sont fortes, mais ses grands yeux sont d'une expression superbe et éclairent merveilleusement son visage : ils sont pleins d'une vie débordante et révèlent une intelligence souple et puissante. C'est une belle tête de premier ministre ; elle contient la pensée et l'action, et elle n'a rien d'ascétique et de rêveur : elle anime le sacré collége, dont l'aspect général est un peu terne.

Parmi les cardinaux nouvellement nommés, deux surtout se partageaient l'attention de l'assistance : le Français dom Pitra et l'Italien Pentini. Le premier est jeune encore : simple bénédictin hier, il est aujourd'hui cardinal ; il a l'œil noir et ardent, et ses traits heurtés et sombres font penser aux moines austères du moyen âge. Dom Pitra est un savant, il a fait des livres renommés sur la théologie et sur l'histoire religieuse. Le cardinal Pentini forme avec lui un contraste complet; il a la physionomie fine et gracieuse d'un véritable prélat italien. On lui attribue des opinions politiques libérales, et il n'a prêté le serment attaché à sa nouvelle dignité qu'en faisant sur le pouvoir temporel et sur d'autres points des réserves expresses. Cette attitude a augmenté sa popularité déjà grande à Rome, mais elle a fortement mécontenté les anciens cardinaux ; ils ne montraient en rien cependant leurs sentiments le jour du consistoire; ils ont donné au nouveau venu l'accolade de la meilleure grâce du monde. Ils sont peut-être moins blessés que le public ne le pense. Il peut se présenter des situations difficiles dans lesquelles ils seront heureux de trouver au milieu d'eux un homme libre de tout serment sur la question temporelle. La réserve Pentini est une pierre d'attente sur laquelle pourra s'élever un jour une papauté réconciliée avec l'Italie.

Les nouveaux cardinaux s'avancent près du trône pontifical, s'agenouillent et reçoivent le chapeau rouge après avoir baisé la mule. Le pape et le sacré collége se retirent alors et se rendent dans la chapelle Sixtine, qui touche à celle où le consistoire se tient. Ils sont à peine arrivés que, du fond des salles lointaines du Vatican, se dirigent vers eux une procession composée de prélats, de prêtres et de chantres à longs surplis ; ils marchent avec lenteur sous les vastes voûtes, en chantant toujours. Les voix que l'on entend charment et surprennent par une harmonie inconnue; elles atteignent sans effort les notes les plus hautes et se complaisent dans les trilles les plus hardies. A l'étonnement succède un sentiment pénible quand les chanteurs approchent. A leur figure efféminée, imberbe et blafarde, à leur démarche molle et indécise, on reconnaît bientôt ces personnages que l'on ne trouve plus qu'à la cour du sultan et dans le palais des papes. On ne peut comprendre que l'Église fasse chanter les louanges du Créateur par des sopranistes que les théâtres, ces lieux profanes, ne reçoivent plus. Rien n'indique que ce déplorable usage soit près de cesser; parmi les chanteurs de la Sixtine, quelques-uns sont âgés, mais plusieurs sont fort jeunes. La surprise du spectateur dure encore que la procession a disparu derrière les tentures de la chapelle, semblable à une apparition où se confondent, dans un mélange bizarre, les chants chrétiens, les pompes orientales et les cruautés barbares d'un autre âge.

Les cardinaux nouveaux tiennent, dans la semaine de la remise du chapeau, un *riccvimento* qui dure trois soirées. On appelle ainsi une réception générale faite, avec un grand luxe de domestiques et d'éclairage, dans un de ces beaux et vastes palais italiens qui paraissent disposés pour les fêtes bien plus que pour la vie habituelle. A l'intérieur du palais éclate une brillante illumination, et, devant la porte, deux troupes de musiciens jouent sans interruption des airs de danse et des marches. Toute personne qui n'est pas déplacée dans un salon peut se présenter dans ces réceptions. Trois des nouveaux cardinaux s'étaient réunis dans le même palais pour faire ensemble les honneurs de leur *ricevimento* et se partager les dépenses, qui sont fort élevées. Les dames de l'aristocratie romaine aiment beaucoup ces fêtes ; elles sont une occasion de montrer les beaux et nombreux diamants qui se conservent de génération en génération dans les familles patriciennes. Les femmes vont aux réceptions des cardinaux comme au bal : en riches toilettes et en robes décolletées. Cette tenue, qui excite souvent l'éloquente indignation des prédicateurs français, ne surprend ni ne blesse le clergé romain ; le luxe mondain, au contraire, paraît fort lui complaire. Les étrangers se rendent en grand nombre à ces réunions ; on y voit surtout des Anglais. Les fils de la nation voyageuse remplissent Rome en ce moment ; ils sont aussi bien chez eux dans la métropole catholique que dans Londres, leur capitale.

Les ambassadeurs envoyés près le saint-siége tiennent aussi, dans les premiers mois qui suivent leur arrivée, un *ricevimento*. Le duc de Saldanha, représentant du Portugal, a donné au mois de janvier un *ricevimento* dont on loue encore les munificences, et le prince de la Tour-d'Auvergne vient de tenir le sien, qui était attendu depuis longtemps. Il était *affolato*, comme on dit ici. Une foule énorme se pressait dans les vastes salons du palais Colonna, décoré avec un luxe du meilleur goût. Les membres de l'aristocratie et du clergé romains étaient nombreux et les étrangers étaient innombrables. On voyait des costumes et des décorations de tous les pays. On signalait des espèces perdues, comme des chevaliers de Malte, en grande tenue. On rencontrait des décorations plus rares que précieuses : celles de Saint-Sylvestre, de Jérusalem, du Saint-Sépulcre, et l'on voyait en grand nombre des grands cordons de Pie IX et de Saint-Janvier qui abondent à Rome.

Parmi les dignitaires, chacun remarquait le duc de Saldanha, l'homme le plus constellé de croix du corps diplomatique ; M. de Mérode, simple *monsignor* et ministre des armes, dont la figure morne et l'œil éteint n'a rien du charme de la physionomie d'un prélat romain. On regardait beaucoup, comme toujours, le cardinal Antonelli, courtois et gracieux pour les dames, qui lui réservaient leurs plus aimables sourires. Les cardinaux étaient nombreux dans les salons. Ils portent en ville un vêtement élégant et léger qui leur sied à merveille : il se compose d'une petite redingote bordée d'un liseré rouge, et d'une culotte courte ; derrière les épaules flotte un étroit collet semblable à celui que portaient les abbés du temps de Louis XV; la calotte rouge, qui n'est jamais quittée, révèle seule le prince de l'Église. Ce costume, moitié laïque et moitié clérical, ressemble à la situation de certains cardinaux qui, revêtus des plus hautes dignités ecclésiastiques, ne sont pas prêtres. Il est du meilleur effet dans les réunions mondaines.

Le *ricevimento* de l'ambassadeur a précédé de quelques jours seulement une des cérémonies les plus solennelles du carême, celle qui se célèbre le dimanche des Rameaux, appelée en Italie, de son vrai nom, le dimanche des Palmes. On retrouvait dans Saint-Pierre les visages que l'on avait déjà vus dans les salons du palais Colonna. Les rues qui conduisent à la basilique et le pont Saint-Ange étaient traversés par des voitures remplies de fonctionnaires en brillants uniformes, par les équipages des cardinaux que suit toute leur maison, et par les carrosses éclatants d'or du pauvre sénat romain. Il porte toujours dans ses armes la fière devise : *Senatus populusque romanus;* mais il n'a conservé du passé que ces mots inintelligibles aujourd'hui; il sert, comme les anciens rois vaincus, d'ornement aux fêtes triomphales de l'Église. Des gens à pied se dirigeaient de toutes parts vers Saint-Pierre.

La foule était grande dans le temple, mais la nef est immense; l'armée pontificale qui s'y trouvait presque entière et la nombreuse population qui s'y était rendue, laissaient l'église à peu près vide. Les rangs n'étaient serrés que dans une faible partie de l'enceinte réservée aux dames munies de billets et aux hommes vêtus d'habits noirs. Le pape arrive par la grande porte de Saint-Pierre, qui ne s'ouvre que dans les plus grandes solennités ; il est porté sur la chaise gestatoire, précédé de prélats et entouré de suisses vêtus de costumes multicolores. Il prend place sur un trône disposé au fond de l'église, et fait aux cardinaux, avec un grand appareil, la distribution des palmes. Quand elle est terminée, une procession commémorative de l'entrée de Jésus-Christ à Jérusalem se met en marche. Le pape s'avance, porté sur un trône et abrité sous un dais ; il tient une palme à la main ; il est précédé des supérieurs des ordres monastiques, des évêques et des cardinaux ; il est entouré de ses gardes portant sur l'épaule de hautes et lourdes épées ; derrière lui s'élèvent les deux éventails à plumes de paon ; on voit venir ensuite les membres du corps diplomatique, un certain nombre d'officiers de l'armée française, le Sénat romain et des dignitaires de la couronne. Prêtres, officiers et diplomates tiennent tous une palme à la main.

Ce cortége est magnifique, mais s'il frappe les yeux, il n'émeut pas. Combien, dans sa simplicité, était plus grand celui qui parcourait, il y a dix-huit cents ans, les rues de Jérusalem ! Le Fils de l'homme n'était pas entouré des puissants de la terre, mais des faibles ; il n'était pas porté sur des épaules humaines, mais par le plus méprisé des animaux. Bien des cœurs qui auraient suivi l'humble cortége, n'accompagnent pas la procession pompeuse. Elle revient au point d'où elle était partie; un cardinal monte à l'autel, et commence une messe que chantent avec un grand art et de très-belles voix les musiciens de la chapelle papale. La cérémonie est d'un grand effet. mais elle donne bien plus l'impression d'une fête théâtrale que d'une fête religieuse. Tout concourt à inspirer ce sentiment profane : les femmes en voiles, assises sur des estrades, qui suivent, une lorgnette à la main, les diverses phases des offices; des chants superbes, mais qui n'ont rien de mystique, et les conversations et les promenades qui se font dans l'église comme sur une place publique. Bien des hérétiques viennent assister aux fêtes du carême. Il est douteux que les solennités romaines en convertissent beaucoup au catholicisme.

LETTRE DOUZIÈME.

—

Rome, avril 1863.

La semaine austère qui voit la chair proscrite de la table des fidèles a été choisie par les charcutiers romains pour célébrer la fête du jambon. A la vente de ce comestible, les marchands joignent le débit d'énormes fromages. Le double objet de leur commerce est orné par eux avec un soin infini; ils exposent à de larges fenêtres de longues pièces de lard rangées dans le plus grand ordre et décorées de dessins et d'arabesques faits en papier doré, dans le magasin s'élèvent, en murailles symétriques, ou se dressent en pyramides des fromages bruns couverts de paillettes brillantes et parés de fleurs nouvelles. Le soir, les boutiques étincellent, des lampions et des transparents sont allumés avec profusion et produisent un effet charmant. Au fond de la salle, éclairée, comme un théâtre, *a giorno*, se trouve une image de la madone ou de saint Antoine ; elle est placée sous un baldaquin en calicot rouge qu'entourent des bougies et des lampions. Le maître du logis est gravement assis à son comptoir ; il jouit en triomphateur de l'admiration des passants qui font foule à sa porte, et il daigne à peine répondre aux acheteurs qui viennent le rappeler à la vie réelle en lui demandant pour deux baioques de *gorgonzole*. Il est parlé pendant un mois, dans le quartier, de l'heureux propriétaire de la boutique la mieux parée.

Les magasins de la rue du Borgo brillaient entre tous ceux de la ville ; leurs illuminations éclataient comme des feux d'artifice, et devant elles s'arrêtaient les étrangers qui regagnaient le soir la rive gauche du Tibre, après avoir assisté à Saint-Pierre aux offices de la journée. Le nombre en était grand : de souvenir de Romain on n'a jamais, à Pâques, vu dans la ville une quantité de voyageurs semblable à celle qui est venue cette année. La foule se pressait à toutes les cérémonies, et, pendant quelques jours, on ne rencontrait dans les rues qu'hommes en habits noirs et femmes voilées. Ils revenaient de la Sixtine ou des tribunes réservées de Saint-Pierre, où sont seulement admis les hommes en habit et les femmes en robes noires et en voiles.

Les cérémonies de la semaine sainte ne commencent que le mercredi. Ce jour-là est exécuté pour la première fois, à 4 heures, le *Miserere*, qui sera répété le jeudi et le vendredi. Trois compositions musicales sont dites tour à tour; elles sont chantées avec une grande perfection par la chapelle papale, dont la vieille réputation est méritée. La musique est belle, mais elle manque de sentiment religieux, et on croit, en l'entendant, assister à un concert profane bien plus qu'à des lamentations pieuses. Le *Miserere* le plus ancien et le plus célèbre est celui d'Allegri, et le chanteur le plus renommé est le sopraniste Mustapha. Les auditeurs sont toujours nombreux à la Sixtine, et la chapelle est pleine longtemps avant que les chants commencent.

C'est le lendemain qu'ont lieu les cérémonies les plus curieuses du carême, le lavement des pieds et la cène. Sur une estrade élevée, qui fait face à deux tribunes réservées l'une au corps diplomatique, l'autre à l'ancien roi de Naples, sont placés treize hommes revêtus d'une robe blanche. Ce sont des pèlerins laïques ou prêtres chargés de représenter les apôtres dans les fêtes du jour. Ils étaient autrefois douze, comme les pêcheurs de Galilée; mais, dans un des repas commémoratifs donnés sous un pape du moyen âge, les représentants des apôtres furent de si bonne compagnie qu'un ange descendit du ciel pour s'asseoir auprès d'eux.

Le convive céleste fut vainement attendu aux solennités des années suivantes. On décida donc, assurent les liturgistes, qu'il serait ajouté aux douze invités un treizième pèlerin qui tiendrait la place de l'ange sur lequel il était impossible de compter. Telle est la raison du nombre treize adopté pour les convives de la cène ; elle est sérieusement donnée par des docteurs graves. Le lavement des pieds se fait avant le repas ; le pape quitte ses vêtements pontificaux, met un tablier de moire blanche, et, passant devant les pèlerins, fait le simulacre de laver à chacun d'eux, dans un bassin d'argent, un pied qu'il touche à peine.

Quand cette opération est terminée, les apôtres sont conduits dans une vaste salle du Vatican, où est dressée une table somptueuse. Elle est ornée de fleurs, décorée de statues et de riches surtouts en bronze doré, et gardée par des suisses qui, la hallebarde au bras, se promènent devant elle. Des tribunes occupées par des dames voilées et par des dignitaires et des ambassadeurs en costume officiel sont placées en face de la table. Dans le milieu de la salle, des curieux innombrables se pressent et se ruent contre une balustrade qui les sépare du festin apostolique. Le pape entre bientôt, entouré de cardinaux et de prélats ; il bénit les pèlerins agenouillés et les mets, il offre le potage et un plat aux invités, et il disparaît. Le repas s'anime à son départ. Les apôtres de la cène dernière mangeaient tous du meilleur appétit, et il n'y avait au milieu d'eux aucun messager d'en haut habitué à vivre d'encens et à se désaltérer de rosée céleste.

Les pèlerins ne perdaient pas un instant; mais les moments consacrés au repas sont courts, et il faut du temps pour se défaire d'un dîner maigre où le poisson domine. Désespérant de finir tous les plats qui leur sont offerts, les apôtres prennent le parti de les emporter. Tout à coup se dresse derrière chacun d'eux un individu armé d'un vaste panier. Les convives s'emparent alors de tous les mets et les jettent pêle-mêle dans le panier au fond duquel légumes, poissons et sucreries vont se confondre. Le vin n'est pas oublié. Des apôtres dédaigneux de l'eau pure des fontaines romaines, transvasent, dans des bouteilles qu'ils ont prudemment apportées, le vin qui leur a été servi dans des carafes de cristal. Ce repas pris à la hâte devant une foule curieuse et bruyante, ces hommes emportant jusqu'au dernier les mets qui sont sur la table, présentent un peu édifiant et triste spectacle. La cène du jeudi saint ne rappelle pas plus la cène mystique de la tradition évangélique que la papauté moderne ne rappelle l'Église primitive, et que le palais du Vatican ne fait penser à l'humble demeure du Fils du charpentier.

Une cérémonie du même genre, faite avec une rigueur scrupuleuse, s'accomplit le jeudi saint dans un hôpital de la ville. Cet établissement, appelé l'hospice des Pèlerins, est destiné à abriter les voyageurs pauvres qui viennent à Rome. Ils y sont à toute époque de l'année admis gratuitement pendant quelques jours; dans la semaine sainte, ils y sont reçus par les grands seigneurs romains. Le repas du soir a lieu dans des salles ouvertes au public. Avant le souper, de hauts personnages, des cardinaux et des princes revêtus de blouses rouges lavent soigneusement les pieds des inconnus qui se sont présentés dans la journée. Ce sont habituellement des paysans de la Sabine, de l'Ombrie et même des provinces napolitaines. On reconnaît facilement que les ablutions ne leur sont pas familières et que celles qui leur sont faites ne sont pas superflues. Quand sont terminés ces soins qui font songer à l'hospitalité des patriarches de la Bible et des souverains homériques, les pèlerins passent dans un vaste réfectoire où un souper est préparé. Ils sont servis par les personnes qui leur ont lavé les pieds. Beaucoup de pèlerins avaient amené avec eux de beaux petits garçons aux grands yeux noirs ; ces enfants paraissaient tout heureux du festin qui leur était offert.

Dans une autre partie du même hôpital où les hommes ne sont pas admis, les dames romaines accomplissent auprès des femmes les mêmes actes d'hospitalité. Ces pratiques durent trois jours ; elles se font en présence de nombreux visiteurs. Elles ont pour but de rappeler à l'humilité chrétienne les grands de la terre qui se livrent à cette domesticité volontaire. Les cardinaux et les princes romains font, assure-t-on, une telle dépense d'humilité à l'hôpital des Pèlerins, qu'il ne leur en reste plus quand ils rentrent dans leurs palais.

Les fidèles sont, les mêmes jours, appelés, dans les églises de Sainte-Marie-Majeure et de Saint-Pierre, à une sorte de confession publique. Le cardinal grand pénitencier s'établit sur un trône placé au milieu de l'église et prend en main une longue baguette. Les pénitents viennent en grand nombre s'agenouiller devant lui, et reçoivent des indulgences et un petit coup sur la tête. Derrière le cardinal sont assis sur des bancs les gens de sa maison et ses domestiques en grande livrée ; ils causent comme dans une antichambre, regardent en riant les jeunes pénitentes, et font toutes sortes de commentaires sur les raisons qui les amènent devant la baguette de leur maître.

Le samedi, des prêtres en surplis, suivis d'enfants de chœur, parcourent les rues de la ville ; ils vont dans toutes les maisons bénir les chambres et les lits des époux et des célibataires. Une petite gratification que les Romains laissent tomber dans le vase qui contient l'eau bénite est très-gracieusement reçue. Le même jour, sont baptisés, à Saint-Jean de Latran, les infidèles convertis, un Turc, un juif et un protestant. Les sceptiques prétendent, mais il ne faut pas les croire, que ces conversions coûtent un prix fixe et depuis longtemps connu. Le juif recevrait 200 francs, le protestant 300, et le Turc, qui n'est pas commun à Rome, serait payé 400 francs. Cette année, le Turc et le protestant manquaient, mais il y avait un néophyte rare, un Japonnais au teint jaune; une jeune israélite, vêtue de blanc, remplaçait avec avantage le juif traditionnel.

Le jour de Pâques arrive enfin; dès le matin, il se fait un bruit et un mouvement inaccoutumés. Les cloches sonnent à toute volée, les troupes se mettent en marche, et des voitures sans nombre se dirigent vers Saint-Pierre. Les cardinaux quittent les habits violets qu'ils portent en signe de deuil pendant le carême, et reprennent les vêtements de pourpre; ils montent dans leurs carrosses les plus dorés, et, suivis d'un monde de valets, ils se rendent au Vatican. Les ambassadeurs revêtent leurs plus beaux uniformes, font atteler leurs équipages de grand gala, et vont aux cérémonies de Saint-Pierre, accompagnés de tout le personnel de l'ambassade Il se déploie, aux fêtes de Pâques, un luxe merveilleux de chevaux, de voitures et de laquais. Les domestiques sont couverts de livrées resplendissantes; ils encombrent le devant et le derrière des voitures, d'où ils paraissent déborder. Le plus magnifique des représentants des puissances, le maréchal duc de Saldanah, avait fait atteler quatre chevaux à sa voiture pour parcourir les quatre pas qui séparent son palais du Vatican. La foule, en habits de fête, remplit les rues, regarde avec admiration toutes ces richesses, et s'avance comme un flot vers la place Saint-Pierre. Le pape entre, à 10 heures, dans l'église avec le cérémonial ordinaire, et il se dirige vers l'autel, porté sur la chaise gestatoriale. Des trompettes résonnent pendant que le cortége est en marche. Le souverain pontife, entouré de cardinaux et de prélats, officie lui-même à la messe de Pâques. A l'élévation, les trompettes font encore entendre leurs sons éclatants, et le pape lève au-dessus de l'autel un calice enrichi de diamants, dont les feux étincellent.

Les assistants quittent alors l'église en grand nombre, et vont se placer au dehors pour voir la bénédiction solennelle qui est donnée du haut de la loge vaticane. Au milieu de la façade de Saint-Pierre s'étend une vaste tente; elle abrite le balcon sur lequel le pape doit être porté. Des soldats à pied sont rangés en carré sur le milieu de la place; des cavaliers occupent les côtés; sur le devant est une foule compacte; derrière, des voitures pleines d'étrangers; des gens des campagnes remplissent l'espace laissé libre par la troupe. Tous attendent patiemment, sous un soleil déjà chaud, que le pontife paraisse. Tout à coup il se fait un grand silence, et, dans la place que couvre une multitude immense, on n'entend que le murmure des fontaines. Au fond de la loge vaticane on a vu deux éventails, et au milieu d'eux s'avance, porté sur un trône, un vieillard vêtu de blanc. Quand le pontife se trouve au milieu du balcon, il se lève, et étendant les mains au ciel, comme un médiateur entre Dieu et les hommes, il les abaisse ensuite vers la foule agenouillée et la bénit par trois fois. La voix de Pie IX, perçante et forte, est entendue sans effort dans toute la vaste place de Saint-Pierre. Le pape reste un instant immobile devant le peuple, puis se retire avec son cortége. Les cloches se mettent alors à sonner de toutes parts et les canons grondent. Un cardinal jette du haut de la loge deux ou trois exemplaires de l'indulgence plénière accordée à tous les assistants. Les feuilles blanches descendent en voltigeant, et mille bras se tendent pour les ressaisir. La bénédiction du jour de Pâques est pleine de majesté et de grandeur sublime; elle est la seule cérémonie du carême qui ne contienne pas ce mélange de profane et de sacré que l'on trouve si souvent à Rome dans les fêtes de l'Église.

Dans la soirée, l'église de Saint-Pierre est tout entière illuminée. Des piliers qui touchent au sol jusqu'à la croix qui domine la coupole, le vaste édifice est en feu. Il se fait deux illuminations de la basilique : la première commence au crépuscule et dure une heure; gracieuse et légère, elle est tout aérienne et toute vaporeuse; elle se compose d'un nombre infini de petites lueurs un peu pâles qui paraissent refléter la clarté douce de la lune et ressemblent à des feux follets immobiles. On l'appelle l'illumination d'argent : c'est une ravissante illusion, un rêve d'une nuit de printemps. Elle disparaît à 8 heures. En un instant, la lumière argentée a fait place à des feux rouges, semblables à des torches qui font du temple un brasier et changent la coupole en une tiare immense, ornée de joyaux de flammes. C'est l'illumination d'or. Le changement de décoration s'est fait cette année avec une telle promptitude et une si grande précision que les spectateurs les plus éloignés ne pouvaient s'empêcher d'applaudir les ouvriers hardis et invisibles qui couraient sur la coupole et qui certainement ne les entendaient pas. Les fêtes de Pâques se sont terminées le lendemain par une *girandole* (feu d'artifice), qui a été tirée au-dessus de la place du Peuple, sur la promenade élevée du Pincio. Elle est couverte d'arbres verts et de statues des vieilles divinités. Des feux du Bengale, bleus et roses, se mêlant à la poudre enflammée et aux fusées brillantes, entouraient la montagne d'une atmosphère d'apothéose, et la faisaient ressembler à un olympe fantastique.

Le peuple se rend en foule aux fêtes extérieures de la semaine de Pâques : à la bénédiction papale, à l'illumination de la coupole et au feu d'artifice: mais il n'assiste pas aux cérémonies de Saint-Pierre. Les Romains suivent les services religieux du carême dans leurs paroisses: les offices de la grande basilique nécessitent un costume qu'ils n'ont pas toujours et des billets qu'ils ne peuvent pas se procurer. Du temps où Pasquin parlait encore, il demanda un matin « comment il pourrait, lui fils soumis de la sainte Église, assister aux solennités de Saint-Pierre. — Déclare que tu es Anglais, répondit aussitôt Morforio, et jure que tu es hérétique. » La réponse était charmante, et Pasquin, s'il eût suivi le conseil de son compère, aurait certainement vu s'ouvrir devant lui l'enceinte réservée; mais sa prétention à l'hérésie l'aurait fortement compromis auprès de son curé. Le clergé est sévère sur les questions d'orthodoxie, et il exerce une surveillance rigoureuse sur les pratiques religieuses des simples particuliers.

Tous les Romains doivent remplir les devoirs de dévotion prescrits par les lois de l'Église. Quand le temps pascal est terminé, les curés ou vicaires de chaque paroisse se rendent dans les diverses maisons de leurs quartiers, et demandent à tous les habitants adultes un billet de communion. Ce billet est pendant la messe délivré par le prêtre officiant à toute personne qui satisfait, dans l'époque pascale, aux prescriptions ecclésiastiques. Ceux qui ne fournissent pas le certificat demandé voient leurs noms affichés à la porte de leurs églises paroissiales, et sont de la sorte signalés à la malveillance d'une population ignorante et à la surveillance d'une police ombrageuse. Les exigences du clergé ont donné naissance à une singulière et triste industrie qui consiste dans l'achat et la vente des billets de communion. Ils ont un prix régulier qui varie entre 3 et 4 pauls (1 fr. 50 à 2 fr.). Les personnes qui ne se soumettent pas aux ordres de l'Église et ne veulent pas affronter les conséquences de leur abstention, achètent des billets à des hommes ou à des femmes qui renouvellent la communion pascale aussi souvent qu'ils trouvent des acheteurs. Le certificat est imprimé en entier : il est le même pour les deux sexes, et il n'indique pas le nom de celui qui l'a obtenu; il relate seulement la paroisse dans laquelle il a été donné et l'année de la délivrance. C'est un titre au porteur qui peut servir indistinctement à tous les habitants d'une même paroisse. L'intolérance d'un gouvernement théocratique rend seule possible l'existence d'aussi coupables abus, et c'est sur lui que tombe tout entier la responsabilité du honteux trafic fait sur les billets de communion. On cherche vainement les avantages que la religion peut retirer de ces exigences tyranniques, mais on voit sans effort les atteintes que de telles pratiques portent à la morale publique.

Les fêtes de l'époque pascale deviennent ainsi la cause d'une pression violente exercée sur la conscience. Quelque belles que fussent les solennités de ces temps, elles ne pourraient pas faire oublier le mépris du plus intime des droits; mais tout n'est pas grandeur dans les pompes du carême, les misères de l'humanité se montrent souvent en elles : si dans les cérémonies de la semaine sainte, il en est qui sont empreintes d'une grandeur véritable, beaucoup offrent une apparence théâtrale et brillent d'un faux éclat. Les voyageurs désireux d'éprouver des émotions sincères, et qui ne prennent pas pour guides les conventions mondaines, agiront sagement en allant à Rome a une époque autre que celle où l'Europe y afflue. Ils verront alors la vraie Rome, grave, triste et belle encore dans la mort qui l'envahit, et non la ville agitée et troublée, la Babel confuse de ces temps-ci.

LETTRE TREIZIÈME.

—

Rome, avril 1863.

La vie factice qui s'agitait ici s'est éteinte. Les étrangers ont disparu et sont allés se dispersant à tous les points de l'horizon. Rome, rendue à elle-même, a repris l'aspect solennel et triste qui convient à la ville des tombeaux. La cité théocratique a retrouvé, avec son calme habituel, le cours naturel de ses pensées. Elle est fort occupée de saints futurs, d'apparitions et de guérisons merveilleuses. Le grand thaumaturge est en ce moment un zouave pontifical, blessé à Castelfidardo et mort des suites de sa blessure. C'était un bon, brave et modeste jeune homme ; il serait bien surpris, s'il revenait au monde, de tout le bruit qui se fait en son nom. Il a, pour la première fois, manifesté sa puissance dans la rue de Ripetta, qui longe le Tibre, et il est en grande vénération dans toute la ville, surtout dans les quartiers qui sont voisins du fleuve. Il est le protecteur à la mode des jeunes filles malades: elles le voient dans leurs rêves et elles sont guéries. Il a déjà ouvert les yeux de nombreux aveugles et fait marcher des paralytiques. Beaucoup de Romaines, même bien portantes, espèrent le soir voir le *zouavetto* (le petit zouave), c'est ainsi qu'elles le nomment, leur apparaître dans leur sommeil.

L'influence du soldat pontifical grandit tous les jours, et sa protection s'étend maintenant des jeunes filles aux jeunes mères. On se dispute avec ardeur les objets qu'il a laissés. Une paire de bottes qu'il avait à Castelfidardo, et dont il porte l'image dans ses apparitions, est surtout puissante. Les femmes en couches en sollicitent la possession passagère, et quand elles sont assez heureuses pour avoir dans leur chambre ces précieuses reliques, leur délivrance est prompte et facile. Ces singulières protectrices des travaux de Lucine sont fort recherchées en ce moment; les personnes qui veulent les obtenir sont obligées de les demander longtemps avant l'époque où elles leur seront utiles. Ces rêveries de cerveaux malades sont gravement racontées et sont prises au sérieux par certains docteurs. On assure que commencera bientôt l'instruction du procès de la béatification du zouave dont le fantôme hante l'imagination des jeunes Romaines. Il était temps qu'un secours surnaturel vînt relever la confiance des volontaires du pape ; beaucoup d'entre eux commençaient à douter de l'efficacité de leur dévouement, et de nombreux congés étaient demandés.

Les apparitions merveilleuses arrêteront ces tendances ; il ne sera plus permis d'éprouver une incertitude sur l'avenir d'une cause dont les défenseurs vont au ciel. Le portrait du zouave miraculeux est exposé derrière les vitrines de tous les marchands de chapelets et gravures pieuses. Il lève les yeux vers deux anges qui lui montrent les clefs de saint Pierre et la tiare. Sa vie a été écrite et forme un petit volume fort recherché dans le monde des couvents. Le livre est donné en lecture, dans les institutions religieuses, aux jeunes pensionnaires qui apprennent ainsi à avoir pour les zouaves pontificaux les sentiments les plus enthousiastes et les plus tendres.

La terre romaine a toujours été fertile en prodiges ; dans l'antiquité, rien n'était facile et souvent profitable comme de faire un miracle : il en est un peu de même aujourd'hui. Chaque famille a dans ses annales un fait merveilleux plus ou moins authentique, et il est bien rare qu'une guérison s'opère dans la classe populaire sans le secours direct d'un patron ou d'une madone privilégiée. Cette intervention fréquente d'une influence mystérieuse rend critique la situation des médecins : ils sont coupables quand le mal emporte le malade; s'il est guéri, c'est à la sainte ou au saint protecteur que sont adressés les remercîments et les offrandes. Certaines images sont entourées d'*ex-voto* innombrables en argent et en or, et sont ornées de bijoux du plus grand prix. La statue de la madone de Saint-Augustin est, à Rome, la plus riche de toutes ces images. Elle a la tête et la poitrine couvertes de diamants comme une princesse romaine allant au *ricevimento* d'un cardinal.

Le clergé, loin de combattre ces superstitions, les encourage. Les journaux, qui sont tous rédigés par des prêtres ou sont inspirés par eux, relatent tous les jours un prodige nouveau ou un effet du courroux céleste. Un homme d'État du royaume italien ne peut jamais être atteint naturellement par la maladie ou par la mort; c'est toujours la main de Dieu qui s'appesantit sur lui. Un article intitulé : *Le sang changé en eau*, vient d'être publié contre M. Farini, qui a usé sa vie en servant son pays. Le mal qui le frappe est une juste punition de ses crimes. Un journal annonce, avec une joie peu déguisée, mais pieuse, que M. Ricasoli est menacé de perdre la vue. Il reçoit le salaire mérité de l'énergie déployée par lui pour faire l'Italie une et libre. Telle est la haute morale que prêche à ses lecteurs la presse romaine.

Le 12 du mois d'avril a été célébré avec un grand éclat l'anniversaire d'un des nombreux prodiges des temps présents. Le pape était à cette époque allé, il y a plusieurs années, visiter la basilique de Sainte-Agnès. Il y tenait sa cour, quand le plancher de la salle qu'il occupait s'affaissa tout à coup sous un poids trop lourd. Les assistants tombèrent dans une cave peu profonde et ne furent pas blessés. Un vaste tableau est chargé d'apprendre à la postérité cette chute heureuse. Il est exposé à l'admiration des fidèles dans une salle voisine de l'église. Le peintre a divisé son œuvre en deux parties, que séparent les débris du plancher rompu. Dans le haut, apparaît une Vierge immaculée qui regarde l'écroulement ; dans le bas, à côté de tonneaux et de poutres brisées, se voit la cour papale. Pie IX est debout, plein de calme et de sérénité ; le cardinal Antonelli, insouciant de tout péril personnel, se précipite au-devant du pape : tous les prélats et jusqu'au moindre abbé sont debout ou se relèvent sans nulle peine, protégés sans doute par l'intervention miraculeuse, mais au sacerdoce s'arrête la protection efficace. Un général français est placé au premier plan ; il est étendu, se tord, et fait pour se relever les efforts les plus infructueux et les contorsions les plus disgracieuses : il est la seule victime de l'accident. Le peintre a contracté le visage de l'homme de guerre pour faire ressortir l'impassibilité des autres personnages. Ce tableau fait penser à certaine fable de la Fontaine, dans laquelle un lion dit à un compagnon de route : « Si les miens savaient peindre. » L'anniversaire de la chute de Sainte-Agnès est le même que celui de la rentrée de Pie IX à Rome. Le double événement a été médiocrement fêté pendant quelques années, et personne n'avait d'abord songé à voir un fait merveilleux dans l'accident de la basilique. Mais il en est, paraît-il, des miracles comme des souverains : *major è longinquo reverentia*. Le lointain ajoute au respect qu'ils inspirent. Il a été décidé qu'une illumination générale célébrerait à l'avenir le jour deux fois commémoratif.

Des lampions brillaient sur un nombre assez considérable de maisons particulières. Les Romains ont la plus grande crainte de la police : convaincus que toutes les fenêtres sombres étaient notées, ils n'ont pas été d'humeur à affronter des vexations connues, et beaucoup parmi les moins dévoués avaient illuminé. Les palais princiers, les madones et les monuments étaient ornés avec le luxe que les Italiens savent mettre aux pompes décoratives. L'obélisque de la place du Peuple, couvert de fleurs de la base au sommet, se dressait comme un vaste mât enflammé. Le piédestal était orné d'un quatrain où, aux noms de la Vierge et de Pie IX, était fort malmené Rhamsès, adorateur de fausses divinités. Le Capitole, palais du Sénat, était très-brillant : au milieu de nombreux lampions se lisait la fière devise :

S. P. Q. R. (*Senatus populusque romanus*), que les soldats français traduisent d'une manière peu littérale, mais très-exacte : ils assurent que les quatre lettres sacramentelles veulent dire : « Si peu que rien. » Le Sénat seul n'est pas de leur avis. La décoration la plus admirée était celle de la place Navone ; elle était entourée de cordons de lumière, et les fontaines qui l'ornent étaient éclairées par des feux du Bengale qui changeaient en torrents de flammes les eaux tombant de rochers factices.

Une foule nombreuse parcourait la ville et allait voir le spectacle qui lui était donné. Elle se promenait calme et curieuse, et ne manifestait aucun sentiment de sympathie ni d'opposition : elle était indifférente et silencieuse, et il n'a pas été dans la soirée poussé une acclamation ni un vivat. On voyait, dans cette manifestation, la régularité et l'ordonnance officielles : l'enthousiasme qui jaillit si rapide et si ardent du sein des multitudes méridionales était absent.

La fête était aussi belle que peut l'être une réjouissance que le gouvernement dirige ; mais combien elle était froide et terne auprès des grands mouvements de joie expansive et confiante des premières années du règne de Pie IX ! Les illuminations étaient, en ces temps, générales et spontanées : des lampions craintifs n'ornaient pas seuls les fenêtres ; des cierges et des lampes se mêlaient devant toutes les maisons à des masses de feuillages et de fleurs, et des arcs de triomphe étaient dressés sur les places et dans les rues. Toute la ville était en feu, et la population éclatait en longs cris d'enthousiasme ; on sentait alors battre le cœur d'un peuple : on ne voyait, le 12 avril, que des inspirations de fonctionnaires. Ceux qui ont été témoins de ces triomphes, que ne reverra plus la papauté temporelle, comprenaient quelle indifférence profonde révélait la froide manifestation préparée à grands frais pour le dernier anniversaire.

Les temps ont bien changé, en effet, depuis les jours de fête de 1847. Le souverain, acclamé et salué comme un libérateur, est séparé de son peuple par une barrière qui grandit toujours. Les Romains et le prince ne vivent pas dans le même siècle, ils n'ont aucune idée politique commune, et ils suivent des routes opposées. Il n'y a que respect pour le pontife, mais dans tous les esprits le pouvoir temporel est condamné. Jeunes hommes et vieillards disent tous : Nous voulons suivre les destinées de l'Italie, et Rome doit être la capitale de la patrie commune. La situation présente durera aussi longtemps qu'il plaira à la France, mais tout doit avoir un terme ; les Romains le savent et ils attendent : ils sont les fils d'un pays où la patience est une force. Le bras de la France tient debout un cadavre : il tombera seul quand se retirera le bras qui le soutient.

L'occupation française, qui prête une apparence de vie à un pouvoir éteint, lui porte elle-même le dernier coup. Les sujets du pape ne lui pardonneront pas d'avoir appuyé son règne sur une armée étrangère, et nos soldats introduisent dans le pays qu'ils gardent, des idées destructives du vieux régime papal. Ils sont issus des temps nouveaux, et ils portent avec eux des principes de tolérance et d'égalité qui battent en brèche une des dernières citadelles de l'absolutisme et du droit divin. Chacun des protecteurs de la papauté est plus ou moins un fils de Voltaire, et, sans le savoir, il répand l'esprit du grand ancêtre de la Révolution. Nos soldats ont le sentiment de la justice, et ils ne peuvent voir, sans les flétrir ou les railler, les abus et les priviléges qui sont comme l'essence du gouvernement pontifical. Tout passant qui n'est pas sourd entend les commentaires très-vifs que font en se promenant nos soldats sur des actes que le peuple romain trouvait jadis fort naturels.

Ces mêmes hommes, qui sont à Rome les missionnaires involontaires des pensées de leur époque, deviennent en France des témoins écoutés : ils rapportent les étranges choses qu'ils ont vues, et les moins clairvoyants d'entre eux sont obligés de reconnaître la scission profonde qui existe entre les citoyens et le gouvernement. Les Romains ont pour nos soldats une tendresse médiocre, mais ils ressentent pour eux un grand respect; ils n'éprouvent pour les leurs qu'une faible estime et n'en ont aucune crainte. « Que la France soit juge du camp, disent-ils, et qu'elle nous laisse quelques heures seuls en présence de l'armée de M. de Mérode. Si nous ne trouvons pas d'armes pour le combat, nos bras suffiront à l'œuvre libératrice. » Voilà où en est arrivé l'esprit public après quatorze ans d'occupation et de tentatives de conciliation. Les partis en présence sont plus divisés que jamais.

Le gouvernement intérieur et visible appartient aux ministres: mais la direction des esprits et l'influence morale sont passées tout entières à quelques hommes énergiques et habiles qui composent un pouvoir occulte appelé le comité national. Inconnus de tous, ils exercent sur la population une puissance incontestée. Leurs ordres sont exécutés avec un empressement enthousiaste, et les avis qu'ils donnent se répandent avec une merveilleuse rapidité. En une heure, toute la ville est informée des décisions que le public doit connaître; les avis imprimés et les mots d'ordre circulent dans les cafés et dans les rues devant la police qui ne peut rien empêcher. Le comité a partout des complaisants, des affiliés et des amis, et la récente arrestation de Fausti a fait penser qu'il a des intelligences chez les hommes du gouvernement eux-mêmes.

Le pouvoir officiel se flattait d'avoir détruit ou démembré ce pouvoir réel. La réserve dans laquelle se tenait depuis quelque temps le comité et le silence qu'il a gardé à l'anniversaire de la chute de Sainte-

Agnès faisaient croire que ses principaux membres étaient dispersés ou arrêtés. Ces suppositions étaient fausses. Les chefs de la vaste conspiration qui remplit Rome faisaient comme Sixte-Quint : ils simulaient l'affaiblissement ou la mort pour rendre plus facile la réussite d'une tentative qu'ils préparaient. Leur tactique a été couronnée d'un plein succès. Ils ont fait enlever d'une salle de la prison, où elles étaient enfermées dans une armoire en fer, toutes les pièces du procès de Venanzi, membre arrêté du comité. L'affaire s'instruisait depuis plus d'un an, et le dossier contenait les documents les plus importants : il a tout entier disparu. Les pièces ont été enlevées par un geôlier de la prison, qui les a remises au comité. Le procès doit être recommencé tout entier. L'importance de l'enlèvement opéré n'est pas dans le retard du jugement ni dans les difficultés d'une nouvelle instance; elle est dans les renseignements que le comité puisera dans les pièces. Elles lui feront connaître les hommes qui paraissaient le servir et qui le trahissaient, et elles obligeront le pouvoir à chercher de nouveaux instruments. C'est une contre-mine qui fait sauter les mines de la police.

Cette aventure a fait grand bruit à Rome; elle a montré que le comité était aussi vivant que jamais, et elle a réjoui ses partisans, qui sont à peu près tout le monde. Elle a causé une grande irritation et une vive inquiétude aux fonctionnaires et aux rares amis du gouvernement. Elle leur prouve que la trahison est partout, et elle enlève toute confiance dans les hommes que le pouvoir emploie. La police, troublée de l'événement qu'elle n'avait pas su empêcher, s'est livrée à de grands mouvements ; elle a fait des perquisitions en tous lieux, même chez des hommes connus par leur attachement à la cause du pape, et n'a rien trouvé nulle part. Le comité avait, peu de temps auparavant, mené à bonne fin une souscription faite pour le brigandage ; il avait recueilli une somme importante, qui a été envoyée à Turin.

L'affaire Venanzi a été l'événement de la semaine dernière : elle a presque fait oublier deux carrousels brillants donnés à la villa Borghèse par les hussards français. La première de ces fêtes avait attiré une foule considérable ; les spectateurs étaient moins nombreux à la seconde. Le carrousel avait lieu dans un vaste cirque entouré de grands pins-parasols, de verdure et d'arbres couverts de fleurs. Il a fort intéressé les Romains, qui ne connaissaient pas ces jeux militaires. Public, acteurs et théâtre formaient un superbe tableau qu'animait et parait le soleil, l'hôte fidèle des fêtes italiennes.

LETTRE QUATORZIÈME.

Florence, mai 1863.

Je suis venu voir à Florence briller dans tout son éclat le printemps italien; cette jeunesse de l'année, comme l'appelle un poëte, n'est en aucun pays plus belle que dans les campagnes de l'Arno, et plus fêtée que dans la ville dont les armes sont une fleur. L'ancienne capitale de la Toscane est admirablement située. D'innombrables collines, couvertes de maisons élégantes, de verdure et de grands arbres, abaissent autour de la ville leurs pentes gracieuses et lui font une immense ceinture de pittoresques jardins. Au-dessus de ces coteaux, qu'anime une riche végétation, s'élèvent des montagnes arides ; elles ferment de toutes parts l'horizon et entourent d'un cadre sévère le plus riant tableau. C'est au milieu de cette nature aux grands contrastes que s'étend Florence.

Un fleuve aux eaux jaunes et rares la traverse et la divise en deux parties inégales. Vue des nombreux sommets qui la dominent, la ville présente avec ses clochers élancés et les dômes hardis de ses églises, avec ses vieilles tours crénelées, un aspect plein d'originalité et de charme. C'est à l'intérieur surtout que sa beauté se révèle : elle est pavée de dalles larges et plates qui donnent aux rues une apparence de propreté peu commune et de rare élégance. Elle renferme les monuments les plus divers, et le moyen âge et les temps présents s'y confondent. Près d'un léger et gracieux hôtel moderne s'élève un vieux palais dont la sombre façade est d'une antique origine.

Les monuments du passé sont rudes et forts comme leur siècle ; ils sont construits avec des blocs énormes, à peine dégrossis, que les Cyclopes paraissent avoir dressés et mis en ordre. Ces palais sont des forteresses plutôt que des habitations : tout y est disposé pour la défense ; les ouvertures sont rares et placées à une grande hauteur, et les fenêtres sont garnies d'épaisses grilles de fer.

Cette architecture, que n'ornent ni colonnades ni portiques, trouve dans sa masse et sa force une imposante grandeur ; elle est l'expression énergique de son siècle, et elle raconte mieux que les chroniques les mœurs des Florentins et leurs dissensions intestines. Ces citadelles privées montrent quelles richesses et quelle puissance avaient acquises certaines familles, et l'on comprend que d'une d'elles devait sortir l'homme qui asservirait la république. Les plus remarquables de ces monuments sont les palais Ricciardi, Strozzi et Pitti. Le dernier fut élevé par un simple marchand, et il devint, sous les Médicis et la dynastie de Lorraine, la résidence des princes régnants. Le siége du gouvernement n'y fut établi qu'après la destruction de la liberté. Sous la république, les élus du peuple et le gonfalonier se réunissaient au Palais-Vieux. C'est un vigoureux monument, haut et large, dont la base imposante ressemble à une montagne; il est crénelé et dominé par une tour quadrangulaire, où pend encore la cloche qui appelait les citoyens aux délibérations solennelles et à la défense de la patrie. Au pied de la masse sombre sont placées de blanches et belles statues des grands maîtres de la renaissance. Le Palais-Vieux est situé sur la place de la Seigneurie, étroit espace célèbre dans l'histoire florentine. Cette place était le Forum de la république; le peuple y tenait ses assemblées, et tout y était disposé pour les nécessités de la vie politique.

Près du palais où délibérait le conseil élu, s'élève un vaste et beau portique où les citoyens pouvaient se tenir à couvert. C'est là qu'ils discutaient les affaires de l'État, et qu'ils prononçaient, comme à Rome, des harangues publiques. Ces arcades servirent, sous les Médicis, de corps de garde aux lansquenets qu'ils prirent à leur solde ; elles sont aujourd'hui un musée toujours ouvert qu'ornent des marbres antiques : le célèbre *Persée*, de Benvenuto Cellini, et les *Sabines* de Jean Bologne, cet enfant de Douai qui fut un des plus grands sculpteurs de la plus belle époque de l'art italien. Le génie national a marqué de son empreinte la place de la Seigneurie ; il y montre la liberté et ses luttes enfantant de grandes œuvres, et l'on y trouve juste et mérité le nom d'Athènes moderne donné à Florence.

En Toscane comme en Grèce, en effet, les agitations de la place publique, l'obligation de faire acte d'homme à chaque jour de la vie, les périls d'une époque grande mais rude, développèrent les caractères et poussèrent les hommes aux nobles actions et aux fortes pensées. Les émotions puissantes et les passions énergiques étaient le levain des âmes, et elles tenaient en éveil les facultés créatrices.

Sous l'influence d'un gouvernement libre, du petit pays de Florence, comme autrefois de l'étroite terre de l'Attique, surgit une phalange de grands esprits qui, dans toutes les branches de l'inspiration et du labeur humains, prirent place parmi les plus beaux génies. Ce fut une merveilleuse floraison que le monde n'avait pas vue depuis Athènes et qu'il n'a pas revue depuis Florence. Dante et Giotto tiennent la tête du grand cortége qui traversa alors l'histoire florentine. Michel-Ange, Machiavel, Léonard, Galilée, et cent autres marchent près d'eux. Les Médicis récoltèrent cette glorieuse moisson dont ils n'avaient pas jeté les germes, et ils en parèrent leurs règnes et leurs noms : mais leur race frappée n'était pas encore éteinte que l'art n'existait plus en Toscane ; il était mort avec la liberté. La tyrannie avait passé son niveau sur les âmes, et n'avait laissé derrière elle que faiblesse et médiocrité.

Florence a vu s'éteindre le mouvement intellectuel qui fit sa gloire, mais elle a conservé le culte et le respect des choses de l'esprit, et elle maintient et parle la langue de ses grands écrivains. Chez elle, le langage national, ce puissant instrument d'unité, ce lien commun de la Péninsule, a trouvé un refuge sûr. Le patois n'y est pas connu, et les gens du peuple n'emploient aucun de ces dialectes dont ne dédaignent pas assez de se servir ailleurs les hommes instruits eux-mêmes. Les Toscans ont malheureusement une prononciation rude et pénible ; ils ont certaines intonations gutturales qui rappellent l'arabe et l'espagnol. Ces sons disgracieux donnent raison au proverbe qui dit que la vraie langue de l'Italie est *la lingua toscana in bocca romana*. Il n'est, en effet, aucun idiome humain plus gracieux que l'italien parlé par des lèvres romaines. La rudesse du langage est la seule qui dépare le

Florentin. Il est, dans toutes les classes, gracieux et poli, et digne de ce beau nom d'Athénien qui lui a été donné et dont il aime à se souvenir. Il met dans toutes les relations sociales une aménité charmante et une courtoisie parfaite.

Le Florentin a l'esprit vif et élevé, et il paraît réunir en les modérant, les qualités excessives et contraires qui signalent les habitants de certaines parties de l'Italie. Il n'a pas la sensibilité nerveuse extrême des Napolitains, la rudesse romaine et la froideur d'imagination des Piémontais, mais il possède les forces contraires, l'enthousiasme et la réflexion, et il a le sens du juste et du vrai qui harmonise et condense ces facultés diverses. Chez lui la raison guide l'inspiration, et l'enthousiasme n'obscurcit pas la raison. Dante et Machiavel sont les fils de la terre toscane, et ils résument son génie dans sa plus haute manifestation. L'apparence extérieure des Florentins ne dément pas leur caractère moral. La population n'offre pas un type bien déterminé. La race est un peu grêle et frêle, et ne possède pas cette ampleur de formes que l'on remarque dans celle des campagnes de Rome. Les femmes sont élégantes et gracieuses, mais elles n'ont pas la beauté souveraine et la noblesse native des femmes romaines. Les chevelures blondes ne sont pas rares ici comme dans les provinces méridionales, et la physionomie rappelle un peu celle des races du Nord. Le costume est celui qui se porte dans toute l'Europe. Les jeunes filles de la classe populaire se distinguent seules par une coiffure originale : elles portent un chapeau de paille à larges ailes; il flotte au vent sur leur tête et l'entoure d'une gracieuse et mobile auréole.

Les Florentins n'ont pas la rude énergie et les fortes passions de leurs pères, mais ils honorent et vénèrent la mémoire des hommes qui ont fait de leur pays un des foyers intellectuels du monde. Ils ont élevé dans une des plus vastes et des plus anciennes églises de la ville des monuments aux citoyens illustres. Ce Panthéon s'appelle l'église de Santa-Croce. Là reposent Michel-Ange, Galilée, Machiavel, etc., etc.; là s'élève le monument vide de Dante. Ce temple, qui consacre de si grands souvenirs et qui fut construit dans les temps les plus virils de la liberté florentine, n'était pas terminé; sa façade était incomplète, comme celle de beaucoup d'églises de la ville. Les Toscans n'ont pas voulu laisser plus longtemps inachevé un monument dédié à toutes les gloires italiennes; ils ont organisé une souscription publique, et les dons volontaires des simples particuliers ont donné une façade à l'église. Le travail a duré quatre ans seulement, il vient d'être terminé. L'œuvre nationale a été, il y a peu de jours, inaugurée avec une grande solennité. Victor-Emmanuel devait présider à cette fête patriotique; mais, obligé de retourner à Turin, il n'a pas pu assister à la cérémonie, et il s'est fait remplacer par le prince de Carignan, son suppléant habituel en ces sortes de fêtes représentatives. Des bataillons de la garde nationale et de l'armée et une foule nombreuse étaient réunis sur la vaste place qui précède l'église; quand la toile qui cachait l'œuvre nouvelle est tombée et quand a paru la façade que Santa-Croce attendait depuis cinq siècles, des fanfares ont éclaté, les cloches de l'église et le vieux beffroi de la tour de la Seigneurie ont sonné à toute volée, *a festa*, comme disent les Italiens. Plus forts que tous ces bruits ont retenti les applaudissements du peuple, heureux de voir se relier à un glorieux passé un avenir plein d'espérance. La façade est revêtue de marbres de diverses couleurs qui produisent un bel effet; elle a été exécutée sous la direction d'un architecte toscan, le chevalier Matas, dont ses compatriotes font le plus grand éloge.

Le succès de l'œuvre et sa beauté ont fait naître au cœur de tous les Florentins le désir de voir se terminer la façade également inachevée d'une autre église célèbre, de leur cathédrale Sainte-Marie-des-Fleurs. Les journaux demandent tous que l'homme qui a mené à si bonne fin le premier travail soit chargé de la seconde entreprise, et des pétitions nombreuses sollicitent la mise à exécution d'un beau projet de façade conçu depuis longtemps par M. Matas. Il est à désirer que le travail s'exécute : la façade inachevée attriste de son mur sombre un des plus

beaux quartiers de Florence, et le monument qu'elle
dépare est une assez grande œuvre pour qu'il ne
reste pas éternellement incomplet. La coupole qui
domine l'église est plus haute que celle de Saint-
Pierre et lui est antérieure d'un siècle. Elle est
l'œuvre de Filippo Brunelleschi. Michel-Ange avait
pour elle la plus grande admiration. Avant de partir
pour Rome, où il devait élever le dôme de Saint-
Pierre, il alla, dit-on, revoir celui de Florence, et
s'écria en s'éloignant : « Adieu, ami ; je vais faire
ton pareil et non pas ton égal. »

Sainte-Marie-des-Fleurs fut commencée dans les
premières années du xive siècle. Les conseillers
municipaux du temps ordonnèrent son érection
dans un langage dont les administrateurs municipaux de nos jours paraissent avoir perdu le secret :
ils chargèrent le gonfalonier de faire tracer le plan
de l'église « avec la plus haute et la plus somptueuse magnificence, de telle sorte que l'industrie
et le pouvoir des hommes n'inventent et n'entre-
prennent jamais rien de plus beau ni de plus grand,
car il a été dit et déclaré en assemblée publique
et privée par les plus sages de la cité, qu'on ne
devait entreprendre les ouvrages de la commune
qu'avec le projet de les faire correspondre à la
grande âme que composent les âmes de tous les
citoyens unis ensemble dans une seule et même
volonté. » Les hommes qui ont appris à leur pays
ce noble et fier langage méritent bien que leurs

descendants ne laissent pas inachevée l'œuvre qu'ils avaient entreprise dans un but de commune gloire. La ville de Paris a vu depuis quelques années s'élever bien des monuments, casernes, églises ou théâtres ; il est douteux que les conseillers de la capitale moderne aient trouvé, pour décréter les constructions nouvelles, des paroles qui ressemblent à celles des citoyens de la ville du xive siècle.

LETTRE QUINZIÈME.

Florence, mai 1863.

Les inaugurations de monuments publics se succèdent à Florence. La façade d'une église était découverte au commencement du mois avec une solennité officielle. Hier, une foule nombreuse assistait à l'ouverture d'un nouveau théâtre. Un programme, décoré du nom pompeux de manifeste, annonçait à tous depuis huit jours l'événement que la ville attendait avec impatience. Le théâtre s'appelle *Polyteama*, et il est destiné, comme son nom l'indique, à donner asile à des genres très-variés de spectacles : l'opéra, le ballet, la comédie, la pantomime, les jeux équestres et la tragédie elle-même y seront représentés. Le nouvel édifice rappelle à la fois les salles modernes et les cirques de Rome. Il a, comme les premières, une scène couverte pour les acteurs, un parterre et des loges; comme les cirques, il a de nombreux gradins en pierre, qui laissent à la disposition du peuple une quantité considérable de places, et il ne possède d'autre plafond que la voûte du ciel. L'azur des nuits italiennes et les étoiles remplacent les peintures enfumées de nos théâtres. La disposition nouvelle a été fort agréable au public. Elle lui permettra, dans la saison chaude, d'assister au spectacle en respi- -rant l'air frais du soir, et elle lui donne la faculté, dont il a largement usé dès le premier jour, de fumer à l'Opéra. Les spectateurs ont paru fortement goûter cet inappréciable avantage.

Les plus belles inventions ont leur côté faible et leurs inconvénients. Le ciel de Florence ne jouit pas d'une sérénité inaltérable, les pluies n'y sont pas rares, et une pièce commencée avec le beau temps pourra finir au milieu d'un orage. Les spectateurs que rien n'abrite seront mouillés ou mis en fuite. Ce danger retiendra chez eux les dilettanti prudents, et il forcera le directeur de consulter les astres avant de faire lever la toile. Les causes de relâches imprévus seront singulièrement augmentées: aux caprices de la *prima donna* se joindront ceux de l'atmosphère. Le nouveau théâtre ne sera jamais une bonne salle d'opéra. Les nuances et les délicatesses de la musique se perdent, et les chanteurs seront obligés, pour être entendus, de faire de continuels et fatigants efforts. Le Polyteama ne diminuera pas les tendances qu'ont sur toutes les scènes italiennes les artistes à chanter beaucoup trop fort : mal disposée pour la musique, la salle convient parfaitement aux grandes pantomimes, aux féeries et aux ballets, qui sont fort appréciés en Italie.

Les pièces d'inauguration étaient un ancien opéra et un ballet-pantomime nouveau, intitulé *Charles le Pionnier, ou le Passage de la Bérésina*. Ce triste épisode de nos guerres paraîtrait singulièrement choisi en France pour servir de cadre à des danses; mais, en Italie, les ballets ressemblent moins à ceux de notre Opéra qu'à nos drames du Cirque. Ce sont des pièces à grand spectacle. Une action mimée remplace le dialogue. Des acteurs spéciaux viennent de temps en temps indiquer par des gestes violents et par des mouvements d'yeux terribles la situation, qui est sur nos scènes expliquée par des paroles. Ils se retirent et font place aux charges de cavalerie, aux batailles et aux danses. Les Italiens aiment ces sortes de divertissements, et ils apprécient beaucoup certains acteurs qui blessent par les exagérations de leurs gestes les personnes qui ne sont pas habituées à ces spectacles. Le succès, du reste, a été complet pour tous le jour de l'inauguration : chanteurs, auteurs, danseurs, machinistes et architecte ont été rappelés plusieurs fois et applaudis avec cette frénétique ardeur que l'on ne connaît que de ce côté des Alpes. C'était une ovation générale. Le public aurait fait acte de bon goût en ne faisant pas paraître devant lui l'architecte, mais il a eu raison d'applaudir chaleureusement l'œuvre; le théâtre est élégant et bien disposé, et six mille personnes peuvent facilement y être assises. La classe populaire y trouve, pour 40 centimes, des places excellentes et nombreuses.

Le Polyteama est situé au milieu d'un quartier neuf qui s'élève sur les bords de l'Arno. Une société immobilière a construit, sur des terrains abandonnés autrefois, de belles maisons qui forment aujourd'hui la partie la plus brillante de la ville. L'ancienne architecture toscane, imposante et massive, s'y mêle, avec bonheur, à un style moins sévère. Dans les parties basses, les murailles sont formées de larges pierres, taillées à bossages, qui imitent, en les adoucissant, les constructions du moyen âge; dans le haut, des colonnades et des loges donnent aux maisons une rare élégance. Ces habitations, entourées de jardins, rappellent à la fois les vieux palais florentins et les hôtels modernes les plus gracieux. Les rues qui composent cette Florence nouvelle portent les noms contemporains de Manin, Garibaldi, Victor-Emmanuel : elles disent l'histoire présente, comme dans les vieux quartiers les noms des Pazzi, des Gibelins, des Strozzi, disent celle des siècles passés. Le désir d'embellissement et d'amélioration ne s'arrête pas sur les bords de l'Arno, il se fait sentir dans la ville entière. De toutes parts on voit des maisons se construire, et de vieilles rues étroites font place à des voies spacieuses.

Florence est pleine d'activité et de mouvement : une foule abondante remplit dans la journée les places et les rues ; le soir, les quais et la promenade des *Cascine* sont couverts de promeneurs et de voitures. L'ancienne capitale de la Toscane prouve par la vie qui l'anime que la présence d'une cour et de sa suite n'est pas nécessaire au développement d'un pays doué de quelque énergie. Florence, à l'époque où la dynastie de Lorraine habitait le palais Pitti, avait moins que maintenant l'aspect d'une ville grande et riche. Les Toscans ont sacrifié sans regret une autonomie qui, glorieuse jadis, n'était plus qu'une cause de faiblesse et d'asservissement, et ils ont été des plus fermes et des plus ardents à demander et à vouloir l'unité nationale. Les difficultés et les retards que subit l'œuvre unificatrice n'ont pas changé leurs désirs. Les Florentins ont prouvé la constance de leurs vœux en refusant leur assentiment au projet de M. Massimo d'Azeglio qui voulait faire de leur ville la capitale de l'Italie. Ils ont repoussé avec un grand sens politique une proposition bien faite cependant pour tenter l'amour-propre et les intérêts municipaux. Ils viennent de laisser passer inaperçue une brochure qui contenait les mêmes principes. Les journaux ont gardé sur elle un silence à peu près complet, et n'ont pas discuté une question que les votes du Parlement ont résolue en droit.

Florence, admirable centre intellectuel et artistique, n'a pas la grandeur qui convient à la capitale d'un pays de vingt-deux millions d'habitants, et elle occupe une position stratégique qui ne permet pas d'en faire la tête d'une grande nation. Dominée par des hauteurs nombreuses, elle ne pourrait pas soutenir un siége et serait à la merci d'une batterie de canons rayés. Si le roi devait quitter Turin avant de monter au Capitole, ce n'est pas à Florence, c'est à Naples qu'il devrait aller.

Les questions de capitales provisoires n'ont point d'action sur l'esprit public; il va droit au but sans passer par des intermédiaires qu'il juge inutiles et dangereux, et il dit avec l'énergie du baron Ricasoli : « Rome est la capitale de l'Italie : accepter une capitale provisoire paraîtrait une diminution de droit. »

Ces appréciations sont celles de tout le parti unitaire. Marchant vers un but commun, il est, en Toscane, divisé, comme dans les provinces méridionales, sur les moyens qui doivent amener la solution. Il se sépare en fractions nombreuses qui vont des hommes d'action, que poussent de patriotiques impatiences, aux modérés que ne lasse aucune lenteur. Leur commune devise est : *Victor-Emmanuel*, *roi au Capitole.* Les uns ont trop de confiance en eux-mêmes; les autres attendent trop du temps et de la fortune. Leur existence simultanée et leur antagonisme n'est pas un mal : ils tempèrent tour à tour et tiennent en éveil l'opinion publique. La force de la nation et son avenir sont avec ce parti, moins divisé au fond qu'il ne le croit lui-même. Garibaldi est à Florence comme à Naples la plus ardente et la plus pure personnification du parti unitaire.

A côté des hommes qui affirment leur but et soutiennent la vraie politique italienne avec une énergie inégale, mais avec une égale loyauté, tente de renaître un parti qui a quelques rares représentants en Toscane. Son chef est Mazzini. Il prétend qu'on ne peut arriver à l'unité qu'avec la république, feignant de ne pas comprendre les impossibilités politiques et morales qui ne permettent pas d'établir en Italie ce gouvernement des grandes âmes. Les inspirations de l'ancien dictateur de Rome se reconnaissent à de sinistres maximes que vont répétant les adeptes et qu'ils présentent comme des formules indiscutables. L'Italie, disent-ils, ne peut se faire avec le régime actuel ; elle doit traverser une nouvelle nuit avant d'arriver à la lumière. Leurs plus implacables ennemis ne pourraient faire entendre aux Italiens de plus dangereuses paroles ; ils seraient, s'ils les écoutaient, indignes d'atteindre le but qu'ils ont poursuivi jusqu'à présent avec une raison si ferme et si droite.

Ce péril n'est pas à craindre dans ce pays ou l'enthousiasme est toujours accompagné d'un rare bon sens. Les maximes mystiques que répètent quelques sectaires n'ont pas de partisans sérieux, et elles sont inconnues ou dédaignées par le peuple. Un parti seul doit les approuver, celui qui voudrait voir renaître le passé et appelle de ses vœux la restauration des grands-ducs. Il est peu nombreux, mais il existe : il se compose de certains membres du clergé et de l'aristocratie, qui regrettent les privilèges et les positions qu'ils ont perdus et s'efforcent de combattre le mouvement national. Ils n'exercent qu'une faible influence. Les hommes de ce parti s'appellent fédéraux, autonomistes, défenseurs des droits de l'Église ; mais s'ils prennent des noms différents, ils poursuivent un but identique : ils veulent ramener l'Italie à l'état de faiblesse et de morcellement dont elle a souffert, et lui imposer la protection de l'Autriche et le joug des princes absolus. Ils ont pour organe de leur opinion un journal qui a pris le titre de *Firenze,* et soutient ici les principes que défend à Naples une feuille appelée le *Napoli* et peu goûtée du public. Le *Firenze* n'est pas plus populaire que son confrère du Midi ; mais les Florentins sont de mœurs plus douces que les Napolitains. Les presses du journal ne sont jamais brisées et ses feuilles ne sont jetées ni au vent ni au feu, accident dont est parfois victime le *Napoli :* elles ne sont pas lues. Le *Firenze,* que de rares abonnés ne peuvent faire vivre, passera doucement d'une vie obscure à une mort ignorée.

Il commence à se développer en Italie, à côté de la question politique, un mouvement religieux. Le régime constitutionnel a amené la liberté de conscience. Les effets de la tolérance se sont produits en Toscane plus rapidement que dans les autres provinces. La patrie de Savonarole, le pays où a laissé de si grands souvenirs le prince réformateur Léopold, a toujours renfermé des adversaires de l'Église catholique. Sous le dernier grand-duc, les dissidents étaient poursuivis et condamnés à des peines sévères; mais ils n'avaient pas été entièrement dispersés, et ils se réunissaient en secret pour lire l'Évangile et la Bible. Ces germes ont porté des fruits.

Des Églises libres ont été établies sur l'ancien territoire toscan, elles attirent à elles les âmes religieuses que ne satisfont pas les croyances philosophiques et que repoussent les abus du pouvoir temporel. Ces Églises prennent toutes le nom d'évangéliques; elles n'ont cependant pas la même origine. Celles qui ont la plus grande importance actuelle et la plus forte organisation se rattachent aux Vaudois. Elles ont des temples à Florence, à Porto-Ferrajo, à Livourne et dans quelques autres villes. Les Vaudois vivaient depuis le XIIe siècle, obscurs et tolérés dans les montagnes du Piémont, et ils étaient au nombre de vingt mille coreligionnaires environ. La constitution donnée par Charles-Albert a changé la tolérance en droit et leur a permis de répandre un culte longtemps circonscrit dans d'étroites limites. Il ont fourni des ministres aux Églises dissidentes qui se sont établies depuis 1848 dans les provinces septentrionales, et ils envoient des chefs à celles qui se fondent depuis 1860 dans le centre et le midi de l'Italie.

Il n'est pas probable que les Vaudois soient appelés, malgré la force que leur donne une tradition, à exercer une grande action sur les masses; une influence plus sérieuse paraît réservée à une Église évangélique qui a été créée depuis quelques mois en Toscane. Elle a pour fondateurs des hommes qu'entoure une grande popularité. Ils la puisent dans un talent élevé et dans une vie consacrée aux luttes de l'indépendance et à celles de la liberté civile et religieuse. Les plus célèbres ministres du nouveau culte sont : M. de Sanctis, ancien curé de paroisse à Rome, et M. Gavazzi, ancien moine barnabite à Bologne. Comme Luther, ils ont servi l'Église avant de la combattre. Ils se défendent de professer le protestantisme d'Angleterre ou d'Allemagne, et ils repoussent entièrement le nom de protestants; ils disent, dans leurs discours et leurs écrits, n'avoir d'autre but que de revenir aux principes de l'Église primitive et à l'Évangile dégagé des dogmes qu'y ont ajoutés les conciles. Ils s'appellent chrétiens évangéliques. Ils ont plusieurs lieux de réunion à Florence, mais ils n'ont pas encore de temple véritable; ils possèdent des écoles, une librairie, une imprimerie et un journal. A leurs prédications assistent des représentants de toutes les classes de la société; les femmes s'y trouvent en grand nombre.

M. de Sanctis est un écrivain habile et fécond: il publie sans relâche des ouvrages de controverse, et il combat l'Église romaine en homme encore blessé du joug qu'il a porté. Longtemps réfugié à Malte, il est aujourd'hui ministre d'un temple établi à Gênes, et il est un des promoteurs des Églises toscanes. M. Gavazzi est l'homme le plus populaire de la nouvelle doctrine. Il a accompagné Garibaldi dans ses plus périlleuses aventures; ami d'Ugo Bassi, fusillé par les Autrichiens à Bologne, il n'a dû qu'à un hasard heureux de ne pas partager le sort du moine démocrate. Il exerce une très-grande action sur les foules, et le peuple, en Sicile et à Naples, se pressait autour de lui et l'acclamait avec enthousiasme. Il possède une parole incisive et ardente, il raille avec amertume et s'élève souvent à la plus haute éloquence. Il est impitoyable quand il fait la satire du miracle de saint Janvier ou de semblables prodiges, et il trouve les plus poétiques images pour peindre les beautés de l'Évangile. M. Gavazzi est pour les catholiques un adversaire redoutable.

L'Église romaine, qui regrette de ne pouvoir aujourd'hui, comme sous l'ancien grand-duc, appeler à son aide le bras séculier, emploie toute son influence à empêcher l'établissement d'un nouveau culte. Elle tente des efforts inutiles. Elle pourrait cependant couper dans sa racine le schisme qui s'étend sur la terre italienne ; le remède au mal qu'elle déplore est entre ses mains. Si elle veut rendre impuissantes les attaques de ses ennemis, qu'elle renonce à un pouvoir qui est leur meilleure arme. Le pape qui se souviendrait que son royaume n'est pas de ce monde retrouverait une influence et une force morales que détruit le faible et fatal pouvoir conservé par l'Église, et il porterait aux sectes italiennes un coup dont elles ne se relèveraient pas.

LETTRE SEIZIÈME.

Bologne, mai 1863.

Florence ne laisse aucun de ceux qui la visitent s'éloigner d'elle avec indifférence. Les collines fleuries qui l'entourent, les monuments grandioses qui la décorent, les statues élégantes et les admirables fresques dont sont ornées ses places publiques et ses églises, exercent une douce fascination sur l'étranger : il ne peut se résoudre à quitter le merveilleux musée à ciel ouvert qu'ont créé les Donatello, les Gioberti, les Michel-Ange, et qu'anime d'une vie charmante une population aimable et polie. J'aurais longtemps encore séjourné dans la capitale de la Toscane, si le désir d'arriver à Venise avant les fortes chaleurs, et de voir en Romagne et dans la région centrale et orientale de l'Italie quelques-unes des villes situées sur la route allant de Florence au pays des lagunes, ne m'avait engagé à hâter mon départ.

Les Apennins se dressent entre la Toscane et la partie orientale de la Péninsule. Les obstacles qu'apporte cette muraille naturelle à une circulation rapide et aux relations commerciales vont bientôt disparaître. La Compagnie des chemins lombards achève une voie ferrée qui, reliant Bologne à Pistoie, mettra Florence en communication directe avec Turin et Ancône; les travaux sont poussés avec une grande activité, et de nombreux ouvriers couvrent des chantiers très-rapprochés. La route nouvelle gravit, en s'éloignant de Pistoie, des rampes considérables, de 25 millimètres par mètre, et elle traverse les Apennins toscans à un de leurs sommets les plus élevés; parvenue au versant des montagnes qui fait face à l'Adriatique, elle emprunte une longue partie de sa voie au lit d'une rivière qui s'est frayé un passage au milieu de rochers de l'effet le plus pittoresque. De toute part se présentent des travaux d'art, des viaducs, de ponts et surtout des tunnels. On aperçoit du fond des vallées le chemin serpenter sur le flanc de monts abruptes, puis s'enfoncer subitement sous une route sombre; il se montre bientôt, pour disparaître et reparaître encore. Peu de voies ferrées auront offert aux ingénieurs plus d'obstacles à vaincre, et la locomotive, qui parcourra bientôt la route entière, aura abordé rarement des régions qui semblaient la défier davantage.

Les auteurs des études préparatoires avaient recherché plutôt qu'évité les difficultés présentées par la nature ; ils avaient cédé au désir du gouvernement autrichien qui voulait, de la ligne reliant les États de l'Église, qu'il occupait, à la Toscane, où régnait un archiduc, faire une route stratégique ; il l'aurait ouverte ou fermée selon les besoins de sa politique, la circulation pouvant s'interrompre plus facilement sur une voie où les tunnels et les viaducs abondent que sur une voie simple et droite. Les habiletés de la cour de Vienne ont été perdues. La route commencée sous l'influence étrangère sera terminée par l'Italie affranchie. Le tracé primitif exécuté en partie avant la guerre de l'indépendance a été suivi dans tous ses détails. Puisse cet hommage rendu aux savants allemands consoler les hommes d'État autrichiens de n'avoir pas vu se terminer sous leurs auspices une ligne entreprise sous leur patronage.

Le chemin sera livré l'année prochaine à la circulation, et 39 kilomètres sont maintenant exploités de Vergato à Bologne. Le gouvernement italien fait tous ses efforts pour activer la construction des chemins de fer ; il comprend l'importance vitale qu'a pour l'unité l'achèvement des lignes principales ; elles réuniront les membres épars de la nation, et feront, mieux que toutes les théories, tomber les barrières naturelles et morales qu'ont intérêt à maintenir ou à créer les adversaires des idées d'indépendance et de liberté.

En attendant que la voie nouvelle soit terminée, de bonnes diligences joignent les tronçons de la ligne ferrée, et portent en sept heures de Pistoie à Vergato. La vieille route qu'elles parcourent a toujours eu un assez mauvais renom ; les arrestations étaient fréquentes autrefois sur le versant oriental des Apennins, et de petites croix de bois plantées sur le bord du chemin indiquent la place où des voyageurs ont été frappés. Les dangers que faisaient courir les fâcheuses rencontres ont à peu près disparu. Une gendarmerie bien organisée et les routes ferrées qui s'achèvent ont délivré le pays des successeurs de Gasparone et des émules des Crocco et des Pilone. Les brigands ont abandonné des contrées qu'envahissait une civilisation incommode, et sont allés chercher un asile dans des régions moins inhospitalières que les provinces centrales; leur profession se perdait dans les Romagnes, ils ont demandé du service à l'ancien roi de Naples. Ces vertueux défenseurs de la légitimité ont trouvé honneur et profit dans leur situation nouvelle; protecteurs d'un souverain, ils touchent une solde bien payée, et, fidèles à leur vieux métier, ils pillent et brûlent les fermes et les villages mal gardés et assassinent leurs habitants.

Ils sont allés longtemps sans mystère s'enrôler à

Rome dans les bandes que François II expédie dans
ses royaux domaines, et tout le monde pouvait,
cet hiver, voir un grand nombre de ces gens de
bien errer autour du palais Farnèse, et parler ami-
calement avec les gendarmes pontificaux, qui se
faisaient volontiers les agents recruteurs de la réac-
tion napolitaine. Cette émigration, que grossissaient
quelques conscrits réfractaires, a guéri les Romagnes d'un mal invétéré, et leur a donné une sécurité dont elles n'avaient pas joui depuis longtemps.

J'ai parcouru, avant de me diriger sur Bologne,
quelques parties des provinces échappées au pouvoir de l'Église. Les campagnes sont partout riches
et bien cultivées : elles ont toujours présenté une
apparence de prospérité et de vie qui contrastait
singulièrement avec les autres possessions ecclésiastiques. Séparées par des montagnes et par une
grande distance de la capitale, réunies plus tard au
territoire du pape, les Romagnes n'avaient pas été
énervées, autant que le vieux domaine de saint
Pierre, par le gouvernement clérical, et elles avaient
conservé une énergie que ne connaissent pas les
pays qui touchent à Rome. Les populations paraissent heureuses de faire partie de l'Italie nouvelle,
et elles saisissent toutes les occasions de manifester
leur joie. Elles l'ont fait vivement éclater quand le
prince Humbert a traversé la province pour se
rendre à Ancône.

Les habitants des campagnes et des villes disent

hautement leur satisfaction d'avoir échappé à un régime qu'imposait l'étranger, et qu'ils supportaient avec une résignation mêlée de honte. Ils parlent de leurs anciens maîtres avec un sentiment de dignité froissée, et comme des hommes qui auraient été fatalement courbés sous un joug d'eunuques ou de femmes. Les réactions ne trouveront pas d'appui auprès d'eux. On se sent en Romagne dans un pays intelligent et libre: les affaires de l'État, l'avenir de la patrie et sa situation présente préoccupent tous les esprits. Ces graves intérêts sont le thème de toutes les conversations. Il n'est presque jamais parlé sur d'autres sujets dans les lieux où le devoir, le hasard ou l'habitude réunissent les hommes. Les opinions diverses sont critiquées ou défendues avec une modération de langage et avec une fermeté remarquables.

Je crois ne pouvoir mieux montrer l'état des esprits qu'en redisant une de ces discussions politiques si fréquentes à laquelle le hasard m'a fait assister: elle reproduit et résume les sentiments que j'ai souvent entendu exprimer par des Italiens éclairés. A une station du chemin de fer qui, passant par Bologne, va d'Ancône à Milan, montèrent en voiture deux voyageurs qui continuaient vivement une conversation commencée dans la salle d'attente. L'un d'eux était âgé déjà : il critiquait avec amertume les événements de 1859 et les conséquences qu'ils avaient amenées ; l'autre les approuvait énergiquement, et il parlait avec une convenance et une politesse parfaites. Le premier était un Français que son interlocuteur appelait cher comte, le second était un prêtre italien. Le comte prétendait que l'unité était une chimère, que les Italiens étaient incapables de s'organiser, et il lançait contre eux, sans nul ménagement, les accusations banales contenues dans les journaux légitimistes et cléricaux de tous les pays. A ces critiques, le prêtre répondait avec le plus grand calme, mais avec une grande fermeté :

« L'œuvre que nous avons à terminer, disait-il, n'est pas un travail d'un jour, elle demande de longs et généreux efforts; mais avec l'aide de Dieu, l'union et la persévérance, nous l'accomplirons. Je suis de ceux qui ont vu sans regret le traité de Villafranca, parce qu'il nous a permis d'être nous-mêmes les artisans de notre délivrance; il était nécessaire qu'un secours efficace nous fût porté, et je suis profondément reconnaissant de l'aide que la France nous a donnée ; mais il est bon que nous achevions nous-mêmes la conquête de notre indépendance. Toutes nos pensées doivent tendre vers ce but; nous n'y parviendrons qu'en organisant nos forces intérieures, en nous faisant des finances prospères et une forte armée.

» Les efforts tentés pour atteindre ce résultat ne sont pas restés stériles : l'étranger souscrit avec empressement nos emprunts, et à côté de nos gardes nationales, solides comme de vieilles milices, notre jeune et vaillante armée, dont nous sommes justement fiers, se fortifie et grandit ; de telle sorte que ce ne sera bientôt plus prononcer une vaine parole que de dire : *l'Italia fara dà se.* Oui, monsieur le comte, disait l'Italien en s'animant, nous nous libérerons nous-mêmes, c'est le vœu ardent du pays, ce sera la meilleure affirmation de sa vie renaissante. Je ne sais quand viendra le jour des dernières batailles, mais il arrivera ; notre génération est destinée à la lutte, elle prépare la voie ; pour elle les troubles, les divisions, les combats ; pour nos neveux la plénitude de l'indépendance et les travaux bienfaisants de la paix dans l'Italie libre et régénérée. Nous avons deux grands obstacles à vaincre, Venise et Rome ; nos ennemis occupent une de ces villes, nos amis gardent l'autre. L'honneur veut que nous renversions nous-mêmes le premier obstacle, la reconnaissance et la raison nous obligent à attendre des événements et du temps la solution de la seconde difficulté. Elle est toute politique et morale la victoire que nous avons à remporter à Rome.

» Dans ma conviction de prêtre et d'homme, le gouvernement français se trompe en maintenant un pouvoir fatal à l'Église et au pays qu'il remplit de confusion et de troubles ; mais je ne crois pas aux erreurs éternelles ; quand la France verra l'inutilité des tentatives qu'elle fait pour donner la vie à la

mort, et quand elle nous sentira assez forts pour nous
défendre contre toute invasion étrangère, j'en suis
convaincu, elle quittera Rome et laissera les Italiens
s'entendre avec le souverain pontife, dont ils sont
profondément intéressés à protéger l'indépendance
spirituelle. Les divisions qui déchirent la patrie ces-
seront alors, et l'on verra s'achever l'œuvre qu'ont
préparée tant de grands esprits, et pour laquelle sont
morts tant de généreux fils de l'Italie. »

L'homme qui s'exprimait ainsi n'était entraîné ni
par la passion ni par la fougue de la jeunesse ; il
était grave et calme, et il était loin de l'âge des impressions ardentes et passagères. Le comte, que les
paroles du prêtre ne semblaient ni toucher ni con-
vaincre, se contenta de dire : « Je ne suis pas de
votre avis, monsieur », et il ne prit plus part à une
conversation qui devint générale. Les Italiens
étaient nombreux dans la voiture, et ils approu-
vaient vivement l'opinion de leur compatriote. Les
pensées modérées et fermes que j'entendais exprimer ont de très-nombreux partisans, et elles tirent
une certaine importance du caractère de l'homme
qui les émettait. Elles sont inspirées par les sentiments qui animaient certains membres du clergé
méridional, quand ils prononçaient, cet hiver, des
discours patriotiques dans les meetings de Naples,
et elles prouvent que dans l'Église italienne se
forme et s'étend un parti qui repousse les mots
d'ordre venant de Rome, et qui ne veut pas, sous

une discipline aveugle, étouffer toute pensée nationale.

La conversation durait encore quand nous arrivâmes à Bologne. C'est une grande cité dont s'étendent au loin les murailles. Ses rues, d'une médiocre largeur, sont bordées sur les deux côtés de longs portiques qui protègent les passants contre la chaleur et la pluie, mais donnent à la ville un aspect froid et triste. Les arcades uniformes qui arrondissent de toute part leur voûtes sombres font penser à la vie claustrale et à ses promenades monotones. Les édifices publics et les palais privés ne détruisent pas l'impression première. Construits en briques, ils n'ont pas cette grande allure monumentale que revêtent seuls le marbre et la pierre, et ils doivent aux matériaux qui les composent une ressemblance extérieure qui ajoute encore à la monotonie générale. L'amour des galeries est si grand chez les Bolonais, que non contents d'en orner les rues, ils en ont mis dans la campagne. Ils ont établi un portique long au moins d'une lieue qui conduit d'une porte de la ville à une chapelle placée sur une hauteur. Cette série d'arcades a été élevée par des corporations diverses, et chacune a placé son nom sur les piliers qu'elle a fait bâtir. Cette construction est des plus médiocres, elle paraît une imitation enfantine des aqueducs antiques, dont les grandes ruines se dressent au milieu de la campagne romaine.

L'amour de l'art a été trop grand en Italie pour qu'une cité de l'importance de Bologne ne possède pas des édifices remarquables. Elle renferme quelques églises d'un grand style, des tombeaux superbes et une des plus belles fontaines du monde. Cette œuvre est un monument de la Renaissance : il représente un Neptune colossal qu'entourent des Amours montés sur des dauphins, et quatre femmes nues, aux formes puissantes et belles ; de leurs seins qu'elles pressent s'élancent des jets d'eau qui tombent dans un bassin de marbre. Cette fontaine est due à Jean de Bologne ; elle décore avec magnificence une place publique. Au-dessus de la ville s'élèvent deux vieilles tours qu'a rendues célèbres une particularité plus bizarre que gracieuse. L'une s'élance à une grande hauteur et penche légèrement ; l'autre, moins haute, présente une inclinaison si forte qu'elle paraît condamnée à une chute prochaine, et fait à ceux qui la regardent éprouver un sentiment de crainte instinctive. Le danger cependant n'est pas imminent : depuis sept cents ans la tour garde la situation penchée qui lui a valu l'honneur d'être citée par Dante en son poëme.

La population qui circule sous les tours menaçantes et sous les galeries sombres de Bologne n'a rien de la physionomie attristée de la ville qu'elle habite. Elle est belle et active, et d'un aspect vigoureux et fier. Les hommes ont les traits fermes et expressifs, et les femmes ont une beauté régulière et grave qui rappelle l'ancien type des matrones romaines. Les Bolonais sont d'un caractère ouvert et enjoué, que pousse à la plus vive expansion le bonheur qu'ils éprouvent de se sentir délivrés des deux anciens fléaux de leur pays : les soldats autrichiens et les fonctionnaires pontificaux. Ils donnent à leur joie une expression virile et guerrière. Les Romagnols, que les insurrections les plus désespérées ont toujours trouvés armés pour la lutte, ont fourni de nombreux volontaires à la dernière guerre nationale et à l'héroïque expédition des Mille; ils se préparent à recevoir dignement leurs éternels ennemis, s'ils tentaient de reprendre une proie qu'ils ne se consolent pas d'avoir perdue. La garde nationale se développe et s'instruit, elle s'exerce au maniement des armes avec une ardeur sérieuse, et se tient prête à passer du champ de manœuvre au champ de bataille.

L'Italie entière a compris l'importance qu'avait pour son avenir l'institution nouvelle. Les gardes nationales sont organisées avec vigueur dans les campagnes et dans les villes; elles renferment les forces vives du pays. Toutes les classes de la société les composent, et l'artisan, le noble et le bourgeois tiennent à honneur d'en former les rangs. La milice civique a dans le gouvernement une confiance qu'il ressent pour elle, et son office n'est pas celui d'une vaine parade ou d'un ornement futile pour les fêtes officielles : elle accomplit avec ardeur un service actif et sérieux, et elle partage souvent avec la troupe de ligne de longues fatigues et de graves dangers. Dans les villes, elle est appelée presque toujours à maintenir, seule, l'ordre que viennent troubler une émotion populaire ou les imprudences d'un parti, et elle s'acquitte de cette mission délicate avec un zèle qui ne se lasse pas et avec une modération qui n'exclut pas la fermeté.

Les soldats citoyens se sont joints à l'armée pour combattre le brigandage dans les provinces napolitaines, et ils ont montré dans les expéditions les plus périlleuses la solidité et l'énergie d'une vieille troupe ; ils n'ont pas peu contribué cet hiver en Sicile à réprimer les sauvages complots tramés par la secte barbare des *poignardeurs*. Ils constitueront, quand leur organisation sera entièrement achevée, une réserve armée sur laquelle la patrie pourra compter. Les gardes nationaux se livrent à des exercices fréquents et font de nombreuses promenades militaires ; leur allure est martiale, et leurs rangs bien alignés se distinguent peu de ceux des troupes régulières ; ils manient vite et bien leurs armes, et n'ont pas l'air nonchalant et mou de gens qui accomplissent une corvée inutile ; ils sentent qu'ils font acte d'hommes libres, et ils s'acquittent résolûment et fièrement de leurs devoirs.

Le costume qu'ils portent n'est pas le même dans les diverses parties du royaume : sévère à Palerme, il est fort élégant à Naples ; à Florence et Bologne il ressemble beaucoup à l'uniforme de l'armée. Les bataillons s'avancent toujours précédés de superbes fanfares. La passion de la musique est instinctive en Italie ; elle ne pouvait se perdre ; se mêlant au mouvement national, elle s'est faite guerrière. La garde civique a d'excellents musiciens. Quand les régiments en bon ordre traversent les places et les rues, jetant aux vents leurs patriotiques concerts, une foule immense se presse à côté d'eux, scandant le pas et relevant la tête ; la masse populaire qui les suit est si profonde que l'on croit voir la ville entière marchant au pas derrière ses fils armés. On sent, en voyant ces milliers d'hommes animés d'une commune ardeur, qu'un souffle a passé sur la nation, et que, secouant les faiblesses et les hontes, elle veut être forte pour être libre. Que l'on ne dise pas que la musique seule entraîne ce peuple enthousiaste et mobile ; les soldats du roi de Naples, du grand-duc et du pape faisaient, eux aussi, éclater dans l'air des mélodies retentissantes, et personne ne les suivait jamais.

Les expansions des sentiments qui font vibrer les cœurs italiens ne se manifestent en aucune grande ville avec plus de vivacité et d'ardeur qu'à Bologne. L'instinct martial s'est éveillé en des hommes qu'un gouvernement sacerdotal ne paraissait pas avoir préparés aux mâles émotions des armes. Ils tressaillent au son du clairon comme le cheval de Job, et font retentir la ville d'hymnes et de chants guerriers ;

quand un bataillon traverse une rue, les fenêtres s'ouvrent, les femmes agitent leurs mouchoirs et les hommes poussent des vivat. Toute la population virile s'est enrôlée dans les rangs de la garde nationale, et les vieillards à barbe blanche et les jeunes gens imberbes servent en volontaires, sans profiter des immunités que donnent la vieillesse et l'adolescence.

La passion martiale a gagné les enfants eux-mêmes; ils ont abandonné les anciens jeux qui florissaient en terre papale. Ce n'est plus le prêtre qui est le point de mire de leur admiration, c'est le soldat. Ils ne dressent plus, comme autrefois, de petites chapelles; ils ne jouent plus à la procession et à la messe et ne parcourent pas leur quartier, une croix devant eux, comme ils font encore à Rome, en psalmodiant sur tous les tons des chants d'église. Ces imitations de la vie monacale sont passées de saison. Les jeunes garçons jouent au soldat, ils vont au pas et font l'exercice; parfois se divisant en deux bandes, l'une nationale, l'autre ennemie, ils livrent aux Autrichiens et aux zouaves pontificaux des combats où l'Italie remporte toujours d'éclatantes victoires.

Ces précoces héros sont revêtus par leurs parents de costumes qui ne sont pas faits pour diminuer leur ardeur guerrière. La blouse rouge de Garibaldi, la tunique du garde national, la veste du bersagliere sont tour à tour empruntées pour habiller la jeune génération. Il serait d'un goût meilleur sans doute de laisser aux hommes les costumes sévères qui conviennent peu aux grâces de l'enfance; mais qui a vu l'Italie en d'autres temps pardonne volontiers à la mode nouvelle, en songeant à celle qu'elle a remplacée. Ce n'était pas de la tunique militaire que les garçons étaient revêtus autrefois, c'était de la robe sacerdotale. Ils étaient couverts, dès l'âge de sept à huit ans, de la soutane noire et écrasés du large chapeau clérical. Ils n'étaient plus des enfants, ils étaient des clercs marqués du sceau de l'église. Les joies enfantines des premières années leur étaient interdites; ils s'habituaient à tenir les yeux baissés, et, perdant les franches allures et le loyal regard de la jeunesse, ils prenaient dès l'âge le plus tendre cet air assombri et mystique qu'affectent les séminaristes en leurs promenades extérieures. La nature a rompu les liens dont on voulait l'enchaîner; les enfants ont retrouvé les jeux bruyants et le mouvement qui leur conviennent, et si l'exaltation des temps les condamne encore une fois à des costumes d'emprunt, déguisement pour déguisement, mieux vaut l'habit qui rappelle à l'Italie sa délivrance, parle d'espoir et d'avenir et promet des défenseurs à la patrie, que celui qui met en mémoire la servitude et les tristesses, évoque les fantômes du moyen âge et donne à l'Autriche ses meilleurs amis. Les soldats combattent pour l'Italie et la font, les prêtres emploient tous leurs efforts pour la détruire.

Le sentiment patriotique qui exalte la fibre martiale chez les Bolonais, rend parmi eux l'armée très-populaire : elle est entourée d'attentions et de prévenances que ne trouvent pas dans tous les pays les soldats en garnison. Le général Cialdini, qui commande la division militaire de Bologne, jouit de l'estime et de l'affection publiques. Les anciens sujets du pape honorent fort l'homme qui a si lestement et si vivement mené l'affaire de Castelfidardo, et ils se complaisent à voir en lui l'union assez rare des talents du général et des vertus du citoyen.

LETTRE DIX-SEPTIÈME.

―

Bologne, mai 1863.

La nature énergique des Romagnols se manifeste dans les œuvres qu'a laissées l'École de peinture à laquelle Bologne a donné son nom. Les tableaux des maîtres bolonais révèlent la méditation, la recherche de la vérité et l'étude attentive du modèle et de l'antique ; les peintres de l'École expriment avec de belles formes des pensées simples et fortes, ils possèdent la science de la composition ; mais ils n'ont pas le dessin élégant et fier des Florentins. Chez eux, l'inspiration, lente peut-être, est large et puissante : ils font involontairement penser à ce surnom de bœuf que donnaient à un des chefs de l'École de jeunes peintres au pinceau facile ; mais le spectateur attentif voit bientôt dans la raillerie un éloge ; le bœuf vulgaire se transforme en l'animal symbolique de la vision d'Ézéchiel ; comme dans l'admirable tableau de Raphaël, il a des ailes, il s'élève avec calme et sérénité, et plane dans les régions sublimes où volent les anges et les aigles.

Une des œuvres les plus belles de la peinture est due à un élève de l'École : c'est le fils d'un cordonnier de Bologne, le Dominiquin, qui a fait le tableau de *la Communion de saint Jérôme,* jugé digne d'être, au Vatican, placé à côté de l'immortelle et dernière page de Raphaël, *la Transfiguration.* L'Italie doit à cette vaillante phalange bolonaise une reconnaissance qu'elle ne lui dénie pas. L'art s'affaiblissait dans la Péninsule, et des compositions savantes et poétiques des Léonard de Vinci et des André del Sarto, il serait tombé tout entier dans les productions maniérées et fausses du Baroccio et dans les toiles décoratives et vides de Pierre de Cortoné, si les Carrache et leurs grands élèves, Dominiquin, Guide, Guerchin, n'avaient maintenu la peinture dans les voies sérieuses et hautes de l'inspiration et de l'étude ; leurs efforts arrêtèrent la décadence et valurent à l'art un siècle nouveau d'éclat et de grandeur.

L'École rénovatrice de Bologne fut fondée par trois enfants du peuple, nés dans une même famille : Ludovic, Augustin et Annibal Carrache. Animés d'une passion sincère pour la peinture, ils quittèrent les humbles métiers que leur avaient appris leurs parents, prirent le pinceau, et, après de laborieuses études et de longs travaux, ils ouvrirent à Bologne une académie où affluèrent de nombreux jeunes gens. Ludovic, fils d'un boucher de la ville, abandonna le premier la maison paternelle ; il étudia Corrége à Parme et fréquenta, à Venise, l'atelier du Tintoret. Rentré dans son pays, il donna des leçons à ses cousins Annibal et Augustin, l'un tailleur, l'autre orfévre ; ces deux ouvriers devinrent de grands artistes. Ludovic fut l'initiateur de la famille ; Annibal en fut le grand homme : d'un génie ardent et fécond, il a peint à Rome, dans le palais Farnèse, des fresques que Poussin ne se lassait pas d'admirer, et il a laissé un grand nombre d'œuvres remarquables.

Le musée de Bologne, qui porte le nom grec de pinacothèque, possède une quantité importante de tableaux des maîtres de l'École. Les Carrache y ont de nombreuses et belles toiles ; une des plus curieuses est *la Communion de saint Jérôme,* par Augustin Carrache. Cette composition un peu lourde, imitée avec génie par Dominiquin, est devenue un des chefs-d'œuvre de la peinture. Guide, Dominiquin, Guerchin, Albane, sont représentés dans la pinacothèque par des tableaux nombreux, dont quelques-uns sont de la plus grande beauté. On remarque dans le musée plusieurs toiles précieuses d'un peintre peu connu hors de l'Italie, du Bolonais

Francia. Ce grand maître, qu'admirait Raphaël, a laissé dans sa ville natale des madones qui unissent au charme naïf des vierges de Pérugin la couleur chaude et brillante des Vénitiens ; il vivait cent ans environ avant les Carrache et il n'a pas fondé d'École.

Les peintres. bolonais du xvi⁰ et du xvii⁰ siècle figurent avec honneur dans la pinacothèque, mais la première place ne leur appartient pas ; elle est prise par un maître qui, partout où il se présente, monte sans effort au premier rang, par Raphaël. Le chef-d'œuvre du musée est *la Sainte Cécile* peinte par l'immortel artiste. La sainte est en extase ; elle voit les cieux entr'ouverts et écoute les concerts divins ; à ses pieds sont des instruments de musique qu'elle a laissés tomber en entendant les mélodies célestes. Elle est entourée de saint Paul et d'autres personnages qui ne paraissent pas se rattacher à l'action principale. Cette œuvre parfaite a été pour l'École de Bologne un précieux enseignement ; son étude attentive n'a pas peu servi à développer le génie naturel des maîtres.

Bologne n'a pas été seulement illustrée par les arts, elle a reçu de la science une grande renommée. Son université. fondée dès 1100, avait acquis une grande et légitime célébrité, et elle possédait dans toutes les branches des études humaines de savants et célèbres professeurs. La physique, la médecine et toutes les sciences naturelles y étaient enseignées, le vieux droit romain y était professé par des maîtres qui passaient pour les premiers jurisconsultes de leur époque. De nombreux élèves, venus des diverses parties de l'Europe, se pressaient aux cours de la docte université. Elle eut parmi ses professeurs des femmes qui enseignaient les mathématiques, le grec et l'anatomie. L'un de ces rares docteurs était une jeune fille d'une beauté si grande que, pour ne pas jeter le trouble dans l'esprit de ses auditeurs, elle était obligée de parler derrière un rideau qui la cachait au public. L'Italie a toujours eu et possède encore des jeunes filles animées de la passion de l'étude, et capables, comme Pic de la Mirandole, de soutenir sur les sujets les plus difficiles des thèses contre les savants les plus graves.

Les habitants de Bologne, justement fiers de leur riche musée et de leur docte université, parlent avec une sorte d'orgueil municipal du luxe et de la grandeur d'un établissement d'un ordre bien différent. Ils ont, vers 1800, créé à une petite distance de la ville un *Campo-Santo* ou cimetière, qu'ils signalent aux étrangers comme une des merveilles de l'Italie. La nécropole occupe une vaste étendue, et elle pourra pendant des siècles enserrer la moisson humaine que fauchera la mort dans la ville des vivants; elle est décorée avec une pompe et un éclat qui ne conviennent guère à un lieu de suprême anéantissement.

Ses monuments en marbre, ornés de statues et d'emblèmes funéraires, se dressent de toutes parts ; un des plus somptueux est le tombeau d'un duc qui n'a pas conquis aux Croisades ses éperons de chevalier. Son blason, sculpté sur le monument, dit toute son histoire. L'homme dont les restes reposent dans le magnifique sépulcre était un meunier enrichi par la mouture des grains ; il acheta à Rome un de ces titres que ne refuse pas à la fortune la chancellerie pontificale ; créé duc, il n'a pas oublié l'instrument de ses grandeurs, et il a placé dans ses armes la meule du moulin qui l'avait fait riche et noble. C'est la balle de laine des Médicis, moins la gloire.

Au milieu d'un vain étalage, de riches ornements et de marbres blancs et noirs, se voit une modeste tombe que recouvrent des fleurs. En elle repose un des plus nobles martyrs de la cause italienne, le moine barnabite Ugo Bassi, fusillé en 1849 par les Autrichiens. Animé du généreux esprit qui suscita les Arnauld de Brescia et les Savonarole, Bassi voulait ramener l'Église à la simplicité primitive et appeler l'Italie à l'indépendance. Prédicateur éloquent, il répandit de Palerme à Milan sa parole enflammée dans des discours où la foi la plus vive se mêlait à un ardent amour de la patrie. Il était, dans toutes les villes où il prêchait, l'objet de manifestations enthousiastes, et les églises les plus vastes étaient trop étroites pour contenir la foule avide de l'entendre. Les doctrines libérales qu'il professait et sa popularité toujours croissante portèrent ombrage à la cour de Rome; Grégoire XVI lui ordonna d'abord de se retirer dans un couvent et l'envoya peu de temps après en exil.

Ugo Bassi rentra dans les États romains à l'avénement de Pie IX, séduit par les prémices heureuses du nouveau règne; il crut que l'Italie avait trouvé son libérateur, et il se montra un des plus ardents admirateurs du nouveau pape. Son illusion fut de courte durée. Il laissa le pontife marcher dans les errements du passé et il suivit sa voie. Nouveau Pierre l'Hermite, il appela la nation à une indépendance qu'abandonnait le souverain de Rome. Dans les années 1848 et 1849, il se trouva partout où les Italiens combattirent à Bologne, à Trévise, à Mestre; il prêchait la guerre sainte et allait au combat sans armes, se précipitant au milieu des balles pour secourir les blessés et porter aux mourants une dernière parole de consolation et d'amour. Il fut, au siége de Rome, un des plus fidèles compagnons de Garibaldi, et le soldat sans peur était plein d'admiration pour le moine intrépide.

Quand les Français entrèrent dans Rome, il en sortit avec le chef des volontaires; il fit partie de cette troupe héroïque qui, après avoir lutté jusqu'à la dernière heure, voulait rejoindre Venise où flottait encore le drapeau italien, et qui ne put que blanchir de ses os les chemins des montagnes. Arrivé à Commachio, sur les bords de l'Adriatique, Ugo Bassi fut arrêté par des soldats croates et conduit à Bologne. Cité pour la forme devant un conseil de guerre autrichien, il répondit à l'officier qui l'interrogeait : « Je ne suis pas plus coupable que vous : j'ai servi ma patrie, comme vous servez votre souverain » ; il fut condamné à mort. Le général Gorgoski, qui exerçait dans la ville un pouvoir dictatorial, voulut associer le clergé de Bologne à cet assassinat juridique ; il fit convoquer douze prêtres au palais de l'Archevêché : neuf étaient des prélats ou des curés de la ville, trois étaient des Hongrois, aumôniers militaires au service de l'Autriche. L'acte meurtrier soumis à l'assemblée reçut neuf signatures : elles avaient été données par les prêtres romains ; les trois chapelains refusèrent de l'approuver. L'Italie n'a pas oublié les noms de ces courageux confesseurs du droit. La sentence fut exécutée avec un grand appareil militaire. Le moine barnabite ne put obtenir le viatique, et on lui refusa même son bréviaire qu'il avait demandé avec les plus vives instances. Il conserva pendant les préparatifs de la sanglante cérémonie un calme impassible ; arrivé sur le lieu du supplice, il serra un crucifix contre sa poitrine, et se tournant vers l'officier qui devait commander le feu, il lui dit : « Je suis prêt. »

Bassi tomba le front et la poitrine percés par les balles autrichiennes. L'apôtre de la patrie fut, comme un assassin, fusillé hors de la ville, sur un coin de terre réservé à l'exécution des plus grands criminels. Il fut enseveli à quelques pas du champ où il était tombé. La nuit qui suivit le meurtre, la terre sous laquelle il reposait fut couverte de fleurs ; enlevées par la police, elles reparaissaient toutes les nuits. Ce scandale ne pouvait durer. Les restes d'Ugo Bassi furent transportés dans une enceinte fermée : ils ont été, en 1859, déposés au *Campo-Santo* dans la modeste tombe de sa famille. Le peuple, qui n'est pas toujours oublieux de ceux qui se dévouent aux nobles causes, va visiter comme un lieu saint la place où dort de son dernier sommeil le moine martyr de l'indépendance nationale.

L'Italie renaissante doit exalter les hommes qui, comme Ugo Bassi, sont tombés pour elle et lui ont montré les grands sacrifices qui retrempent les âmes et régénèrent les nations. Bassi a servi sa patrie dans sa mort comme dans sa vie. L'iniquité barbare accomplie par des soldats étrangers, approuvée par des fonctionnaires ecclésiastiques, a rendu plus vivace encore au cœur des Romagnols la haine du joug autrichien et de la domination cléricale : elle a maintenu ardents et profonds les sentiments patriotiques, pendant les temps d'épreuves où la force écrasait le droit. Les morts héroïques enfantent les vies généreuses. Il n'était pas d'hommes plus dignes que les Bolonais de recevoir et de faire fructifier les grands exemples de dévouement et d'abnégation ; en voyant l'ardeur qui les anime, on sent que dans les citoyens de la vaillante cité de Bologne, revivent les âmes des martyrs qui se sont sacrifiés à la patrie.

LETTRE DIX-HUITIÈME.

Parme, mai 1863.

Le charme puissant qui enchaîne le voyageur à Naples, à Rome et à Florence, et lui fait en ces villes oublier le retour, n'étend pas son influence sur Bologne. Il est impossible de ne pas admirer l'énergie et l'élévation de caractère des habitants, et de n'être pas frappé de la beauté des œuvres que le musée renferme; mais la ville aux portiques est d'un aspect monotone et triste, et les étrangers la quittent après un court séjour; une semaine est le temps le plus long qu'ils consacrent ordinairement à la voir.

Un chemin de fer qui passe devant Bologne rend

le départ facile. La voie nouvelle joint Ancône à Turin, et elle réunit, en les traversant, des provinces que divisaient autrefois des frontières de convention. Une heure sépare la capitale de l'Émilie de Modène, qu'opprima si longtemps un odieux despotisme ; à une heure de Modène est Parme, que protége à jamais contre l'oubli le nom du divin Corrége.

Dans une plaine fertile, au confluent de deux rivières, s'étend Parme : elle est percée de rues longues et régulières qui aboutissent à une place d'assez belle apparence. L'antiquité n'a laissé aucune ruine importante dans cette cité fondée, dit-on, par les Étrusques ; un baptistère en marbre et le dôme, bâtis dans le XIIe et le XIIIe siècle, sont les seuls édifices remarquables qu'elle renferme. Le palais ducal, dépourvu de tout style monumental, présente la réunion incohérente de constructions disparates et banales, et il ressemble beaucoup plus à une grande fabrique moderne qu'à une résidence princière. Cette pauvreté architecturale et l'uniformité de rues longues et symétriques donnent à la ville une apparence septentrionale : si le ciel italien n'étendait sa voûte éclatante au-dessus d'elle, on pourrait en la parcourant la prendre pour le chef-lieu d'un département français ou pour la capitale d'une petite principauté allemande.

L'impression produite par l'aspect général de la ville est rendue plus vive encore par les hommes

qui l'habitent. Élégants et bien faits, ils n'ont pas
la physionomie mobile et le geste abondant des
Méridionaux, et parmi eux les chevelures blondes
ne sont pas rares. Dans leurs traits intelligents et
doux, les Parmesans offrent l'union heureuse de la
beauté italienne et de la grâce française : ils paraissent descendre de ces races diverses qu'ont
mêlées, dans la Péninsule, les migrations et les
guerres. Des colonies gauloises, en effet, s'étaient,
longtemps avant la domination romaine, établies à
côté des anciens habitants, dans les pays qu'arrose
le Pô, et les Barbares s'y fixèrent en grand nombre
à l'époque de la décomposition de l'Empire. Le
dialecte usité à Parme est dû peut-être à ces lointaines fusions ; il fait entendre les rudes intonations
des idiomes septentrionaux à côté des sons rhythmés
de la mélopée italienne. L'*u* est prononcé à la manière française, et à la fin des mots sont supprimées
souvent ces voyelles sonores qui donnent une mu-
sicale harmonie et comme des ailes à la langue du
pays où *il si suona*. Le dialecte sourd et dur de
Parme est également employé à Modène.

Si les habitants des anciens duchés parlent un
langage qui n'est pas dépourvu de toute empreinte
étrangère, ils sont animés de sentiments patriotiques dont l'énergie n'est dépassée dans aucune province du royaume italien. Ils demandent avec une
ardeur que ne découragent pas les obstacles la délivrance de leurs malheureux voisins de la Vénétie,

et ils appellent, comme l'Italie entière, avec une impatience difficilement contenue, la proclamation de la capitale à Rome. Le cri de *Roma o morte* a fortement retenti à Parme et à Modène, et l'on voit encore inscrits sur toutes les murailles les mots qui ont amené la fatale rencontre d'Aspromonte.

La vie politique qui, sous les anciens gouvernements, était éteinte ou se cachait dans les sociétés secrètes, se montre partout. Les journaux sont lus et commentés à haute voix, et l'on entend souvent sur les places et dans les établissements publics des groupes nombreux discuter avec bonne humeur et politesse les affaires de l'État. Les Parmesans et les Modenais ne ressentent aucun regret de la perte d'une apparente autonomie qui les rendait les sujets véritables de l'Autriche, et ils ont échangé avec orgueil leur nom provincial contre celui d'Italien. Ils déclarent à jamais effacées les divisions factices qui déchiraient en lambeaux la patrie, et ils opposent avec une joie enthousiaste, aux anciennes rigueurs de la police, à la difficulté et à la lenteur des communications, la liberté entière dont ils jouissent, les passeports supprimés et la locomotive civilisatrice, franchissant sans entraves des villes et des frontières où les gendarmes et les douaniers retenaient de longues heures et souvent arrêtaient les voyageurs les plus inoffensifs. Une restauration ne trouverait aucun partisan dans les pays délivrés ; le passé n'y a point laissé d'attaches, et il faudrait tous les abus et toutes les violences de la force victorieuse pour y rétablir les princes déchus.

Les souvenirs des iniquités accomplies dans les temps où régnaient les souverains légitimes, n'ont pas éteint le sentiment de la justice chez les habitants des duchés ; ils parlent des régimes tombés comme de systèmes politiques n'appartenant plus qu'à l'histoire, et s'ils condamnent les actions criminelles de leurs anciens maîtres, ils n'ont pas oublié le bien qui a été tenté. A côté des ducs de Modène que poursuit une réprobation universelle, la duchesse de Parme reste entourée de considération et de respect.

Le duché de Parme était échu depuis 1847 à une branche espagnole de la maison de Bourbon. A cette époque, un prince de cette famille succéda, sous le nom de Charles II, à l'ancienne impératrice Marie-Louise, cette fille des Césars allemands, qui ne sut être ni épouse ni mère, et qui oublia auprès d'un général autrichien son mari qui mourait à Sainte-Hélène et son fils qui s'éteignait à Vienne. Charles régnait à Lucques, quand des convenances de territoire et de famille et le patronage de l'Autriche le firent, du petit pays qu'il gouvernait, passer à celui de Parme, comme un préfet que ses mérites ou de hautes influences font monter d'une place médiocre à un poste meilleur. La révolution qui, en 1848, ébranla ou renversa en Italie bien des trônes, permit à peine au nouveau souverain d'échanger son manteau de voyage contre le manteau ducal : elle le força à quitter Parme après un temps bien court, mais assez long cependant pour qu'il ait pu y marquer son passage par de sanglantes cruautés : il se réfugia à Bologne, puis en Allemagne, où, fatigué des courses de sa vie princière, il abdiqua en faveur de son fils Ferdinand-Charles III.

L'ancien duc avait trouvé un vengeur. Charles III entra à Parme après la bataille de Novarre, escorté de soldats autrichiens, et il régna comme en pays conquis. Ses exactions et ses brutalités ont accumulé sur lui des haines que n'ont pu faire oublier sa fin tragique, ni une régence juste et réparatrice. Dédaigneux du droit, dilapidateur de la fortune publique, il passait sa vie au milieu des plaisirs, et faisait enlever les femmes et bâtonner les hommes. Ses anciens sujets parlent de lui comme d'un tyran du moyen âge. Sa mort fut celle d'un prince de ces temps barbares. Il périt un jour de fête frappé en pleine rue d'un coup de poignard. L'assassin ne fut pas arrêté : il vengeait, assurent les habitants de Parme, un outrage fait à son honneur.

La duchesse Louise de Bourbon prit la régence au nom de son fils mineur ; elle s'efforça de réparer les maux qu'avait amenés l'administration insensée de son mari. L'économie rentra dans les finances et la justice régna sur une terre qui ne la connaissait plus. L'agriculture fut protégée et le commerce prit un rapide essort. Le petit État que gouvernait une femme était le mieux administré de toutes les provinces italiennes soumises à l'influence étrangère. Il n'en devait pas moins disparaître ; il portait en lui, comme les principautés ou royaumes fondés en 1815, un germe de dissolution qu'était appelé à développer l'esprit libéral du siècle. Créées par la force et s'appuyant sur des traditions impuissantes, les divisions territoriales établies en Italie n'avaient pour bases que les intérêts et les convenances des familles princières. Les régimes imposés ne respectaient ni la liberté politique ni l'indépendance nationale. Le peuple était une abstraction négligée par les diplomates ou une foule faite pour se courber devant des maîtres et pour leur payer l'impôt : quant au pays, il n'était plus qu'une expression géographique.

Ce mépris des droits et des légitimes aspirations d'une nation qui sentait la vie frémir en elle, porta ses fruits. On sait ce qu'il advint en 1848. Quand surgirent les événements de 1859, l'agitation fut universelle. Les Parmesans furent des premiers à prendre part à l'émotion générale, ils demandèrent à s'unir aux Piémontais et à combattre à côté d'eux l'éternel ennemi de l'Italie. La régente ne voulut pas céder à ce vœu légitime, et un mouvement insurrectionnel la força à quitter Parme. Princesse étrangère, Louise de Bourbon n'avait pas compris la haine patriotique qu'inspire dans toute la Péninsule la domination allemande ; mais elle se souvint assez qu'elle avait été souveraine italienne pour ne pas demander, comme les ducs de Toscane et de Modène, un asile à l'Autriche. Elle se réfugia en Suisse avec son fils. Les Parmesans ont voué à leur dernière duchesse des sentiments de profonde estime ; mais parmi eux il n'est pas un parti qui désire la restauration d'un état de choses qui rendrait impossible l'existence de la grande patrie italienne.

Les vertus d'une noble femme ont permis aux Parmesans de voir tomber, en honorant la souveraine, un régime que condamnaient le droit et les aspirations nationales. Les exactions et les violences de leurs anciens princes ont inspiré aux Modenais une aversion égale pour les hommes et pour le système politique. Jamais une parole de sympathie ne vint adoucir l'amertume des plaintes des sujets délivrés du joug. Les deux derniers ducs de Modène n'ont pas laissé un regret dans un cœur italien. François IV et son fils François V ont, pendant quarante ans environ, fait peser sur le malheureux pays que leur avaient abandonné les diplomates de 1815, une tyrannie mêlée d'hypocrisie cléricale et de brutalité soldatesque. Ils honoraient la délation et faisaient du plus vil espionnage la base de leur pouvoir.

François IV est ce prince que le poëte Guisti a appelé, aux applaudissements de l'Italie entière, un Tibère *in-dix-huit*. Il ressentait pour la civilisation et les idées modernes une haine d'inquisiteur. Les principes que proclama la France en 89 et en 1830 lui semblaient une odieuse violation du droit; Louis XVIII n'était pour lui qu'un jacobin, et il ne voulut jamais, en Louis-Philippe, reconnaître un roi. Seul en Europe, il refusa de nouer avec la France de 1830 des relations diplomatiques. Le duc, guidé par un instinct de despote qui fait honneur à son intelligence, réservait à la presse ses haines les plus vigoureuses : il voyait dans le journal et dans le livre l'ennemi le plus dangereux de l'absolutisme; ne s'arrêtant pas à des demi-mesures, il défendit la publication et l'introduction, dans son État, de toute œuvre imprimée que n'aurait pas autorisée la police. Ces précautions excellentes pour l'avenir ne protégeaient pas le prince contre le poison intellectuel que pouvaient renfermer les bibliothèques du pays; il se mit à l'abri du péril, en interdisant à tout propriétaire de livres de prêter, même dans sa maison, un volume sans qu'il eût été revêtu d'un double timbre par l'autorité ecclésiastique et laïque. Le décret qu'inspira au prince son génie inventif est un chef-d'œuvre de répression, et il vaut à lui seul toute une législation (1).

Cette loi modenaise du colportage, du timbre et

---

(1) Ce monument est trop précieux pour n'être pas rapporté tout entier. (Voir la note (A) à la fin du volume.)

de la presse, qui donnait au sbire et au prêtre la mission de veiller ensemble au maintien des saines doctrines, ne laissait pas dans les mailles serrées de son ombrageuse trame passer la plus inoffensive liberté; elle fermait le duché aux poëmes de Dante et de Léopardi; elle ne put cependant arrêter la révolution, et elle n'empêcha pas la chute des derniers princes de la maison d'Este.

François V succéda, en 1846, à son père François IV : il marcha dignement sur ses traces. Ce souverain italien avait, à ses titres honorifiques de prince royal de Hongrie et de Bohème, ajouté la dignité effective de feld-maréchal au service de l'Autriche. Chassé par ses sujets en 1848, il rentra l'année suivante à Modène, et il s'y conduisit comme un colonel croate en terre ennemie. Il jeta dans les prisons et il y laissa sans jugement les citoyens les plus intègres, et il arriva par ses rigueurs à faire regretter son père. François V a quitté une seconde fois ses États en 1859; menacé depuis longtemps de ce nouveau départ, il avait prudemment fait ses préparatifs de voyage. Les Modenais racontent avec une verve intarissable les histoires les plus étranges sur la rapacité de leur ancien duc; mais la raillerie s'arrête et l'indignation fait place au sarcasme quand ils racontent un des plus sombres épisodes de la retraite du prince. Le bon maître ne voulut pas, en quittant le duché, se séparer de ses prisonniers politiques; soutenu par une troupe mercenaire, et compromise par des cruautés dont elle avait été l'instrument, il emmena avec lui les hommes généreux que renfermaient les cachots de l'État. Il les conduisit dans les possessions de l'Autriche, et emprunta à ses amis de Vienne une des nombreuses prisons qu'ils ont élevées sur le sol italien. Les cachots hospitaliers de Mantoue s'ouvrirent pour recevoir les victimes des haines du duc de Modène. Odieux attentat dont, en s'y associant, l'Autriche a partagé la honte, et que flétrira l'histoire, si elle daigne s'occuper un jour d'un geôlier couronné qui a exercé dans des cabanons d'emprunt les derniers actes de sa justice souveraine. Les malheureux qu'avait enlevés le prince à leur pays, furent, longtemps après la paix, retenus dans les forteresses complaisantes de Mantoue, et ils n'ont été rendus à la liberté qu'après de nombreuses demandes faites par la diplomatie au gouvernement autrichien.

Le soin de ses vengeances n'avait pas fait négliger à François V ses intérêts pécuniaires. Il emmena, en quittant Modène, à côté des charrettes contenant ses prisonniers, des fourgons qui renfermaient ses trésors. Le duc est resté, en perdant une légère couronne, un des millionnaires les plus importants de l'Europe. Son immense fortune lui a permis de garder sous ses ordres, quand le gouvernement de Vienne a cessé de payer les frais d'entretien, l'armée qui l'avait, en 1859, accompagné au camp autrichien. Les soldats qui composent cette troupe sont des étrangers ou de jeunes Modenais élevés en Allemagne, pour qui le successeur des Hapsbourg est le véritable souverain de l'Italie. La solde a retenu les uns dans les rangs, l'impossibilité de retourner dans leur pays a assuré la fidélité des autres. Le duc vient de prendre la résolution de se séparer de compagnons d'armes plus coûteux qu'utiles ; il va licencier sa garde prétorienne. Les Modenais ne pensent pas voir revenir parmi eux beaucoup de leurs compatriotes rendus à la liberté.

François V ne s'est décidé qu'après de longues hésitations à licencier ses soldats ; il avait rêvé pour eux la gloire, et voulait, de sa troupe, faire l'avant-garde d'une armée qui ramèneraient dans la Péninsule les princes légitimes. Une ambition plus haute encore le tentait : il espérait, à la tête de ses légions, marcher sur Paris ; ne pouvant croire que l'Europe ne formerait pas une nouvelle coalition contre la nation révolutionnaire, il avait prudemment dressé le plan de la campagne qui devait changer la France en un duché ou archiduché quelconque. Une carte pleine de détails précieux sur cette redoutable invasion a été trouvée dans des papiers perdus par François V ; il avait tracé de sa main les diverses phases de la campagne. Le plan montre les troupes alliées devant Paris, elles campent sous Montmartre, et, dans la plaine, l'étendard du duc conquérant s'élève au milieu des tentes de ses guerriers. Les dernières résolutions du prince font espérer qu'il a renoncé à exécuter ses terribles projets. L'Italie et la France peuvent chasser toute crainte : le duc de Modène va désarmer.

Les habitants des duchés n'ont pas dans leurs décisions imité les hésitations de leur ancien prince. Rendus à eux-mêmes, ils se sont proclamés Italiens. Ils avaient reçu de l'histoire des enseignements qu'ils n'ont pas oubliés, et ils n'ont pas voulu que la force ou la ruse disposât encore une fois de leur sort. Ces populations qui avaient subi les hasards et les maîtres les plus divers, qui, des fils de pape étaient passées à des bâtards de prince, des favoris de l'Espagne aux protégés des Césars de Vienne; dont le pays devenu département français un jour, était plus tard donné à une princesse étrangère, comme compensation de ses devoirs oubliés, et devenait la proie sanglante d'un archiduc autrichien; ces Parmesans et ces Modenais, troqués ou vendus par des faiseurs d'États qui les livraient comme un troupeau suivant la terre à des aventuriers de toute race; ces Italiens, qui avaient appartenu à tous les pays, excepté à l'Italie, ont enfin retrouvé leur dignité et leurs droits. Les hommes qui avaient été donnés si souvent ont eu la noble joie de se donner eux-mêmes; ils ont tendu à la patrie leurs mains devenues libres, et, avec un enthousiasme profond et une volonté virile, ils ont choisi pour souverain le représentant de l'indépendance nationale, le roi galant homme qui a consacré sa vie à la régénération d'un grand peuple.

LETTRE DIX-NEUVIÈME.

—

Parme, mai 1863.

Les anciens duchés ont trouvé dans le génie d'un de leurs plus modestes enfants une gloire sereine et pure, dont les rayons bienfaisants ont jeté une douce lumière sur ces contrées assombries par une politique corruptrice et cruelle. C'est dans le pays de Modène, à Corrége, qu'est né Antonio Allegri, le peintre de la grâce idéale; c'est à Parme qu'il a vécu et qu'il a produit les chefs-d'œuvre qui l'ont fait immortel. Il prit, comme beaucoup de peintres italiens de son temps, le nom de la ville où il était né, et il est plus souvent appelé Corrége qu'Allegri.

Ses œuvres sont répandues dans les principaux

musées de l'Europe; Paris, Dresde surtout, possèdent des toiles admirables du peintre; mais malgré leur beauté, elles ne révèlent que le côté doux, suave et tendre de son génie; c'est à Parme seulement qu'il est permis de contempler, dans les fresques qu'y a laissées le Corrége, toute la puissance de son inspiration, et d'admirer l'union d'un charme incomparable et d'une majesté pleine de grandeur. Dans les fresques de l'église de Saint-Jean et de la cathédrale, le peintre de la grâce la plus accomplie se place, par la science du dessin et la fougue des conceptions, à côté de l'auteur du *Jugement dernier*.

Antonio Allegri est une de ces natures heureuses qui ne doivent rien qu'à elles-mêmes; il sortit inspiré du grand siècle de la renaissance italienne, comme les fleurs naissent parées au printemps. Il n'est allé ni à Rome ni à Florence, et il n'a vu peindre aucun des grands artistes de son siècle. Des œuvres célèbres de l'époque féconde où il vécut il n'a connu que ce tableau de Raphaël qui fut pour lui une révélation de son génie, et fit, à ce grand homme qui s'ignorait lui-même, pousser l'exclamation fameuse : *Anche io son pittore!* « moi aussi, je suis peintre! » Les premiers éléments de l'art lui furent, dit-on, donnés par un de ses oncles appelé Lorenzo, peintre obscur et médiocre; mais ses vrais maîtres furent le travail et le sentiment du beau qui débordait de son âme. C'est par la force de son génie, dit un éminent critique, qu'il est entré dans la glorieuse famille des grands hommes. Annibal Carrache, qui avait beaucoup étudié le maître de Parme, disait de lui : « Les tableaux de ce grand peintre sont vraiment sortis de sa pensée et de son entendement. Les autres s'appuient tous sur quelque chose qui ne leur appartient pas, celui-ci sur le modèle, celui-là sur les statues, les estampes ; le Corrége s'appartient tout entier, il est seul original. »

L'étude des nombreuses peintures que le Corrége a laissées à Parme, montre combien est vrai le jugement porté sur lui par le chef de l'École de Bologne. L'originalité qu'exalte Carrache n'est, dans aucune œuvre, plus sensible et plus poétiquement exprimée que dans les fresques qu'Allegri exécuta dans sa première jeunesse au couvent de Saint-Paul, pour l'abbesse Jeanne de Plaisance. La salle que fit décorer l'intelligente protectrice du jeune artiste est une des merveilles de Parme; elle est maintenant connue sous le nom de la Chambre du Corrége. Jeanne de Plaisance vivait à une époque où les dieux antiques avaient retrouvé leur puissance. Chantés par les poëtes, ils inspiraient les peintres, et ils régnaient en souverains dans le monde de l'art.

L'abbesse de Saint-Paul emprunta à la mythologie une de ses fables les plus poétiques, et la vierge chrétienne fit peindre sur les murailles du couvent la vierge de l'Olympe, Diane la chasseresse. La déesse, portée sur un char traîné par deux cerfs, traverse les nuages aux premiers rayons du jour, elle s'élance vers les forêts où l'attendent les nymphes ses compagnes. L'ardeur de la course et le zéphyr matinal agitent les voiles de la céleste voyageuse, et font sur ses épaules flotter ses cheveux d'un blond ravissant. Le visage de la déesse est d'une exquise beauté, et il unit à la pureté antique le charme de l'expression moderne. La voûte de la salle est d'azur; elle est décorée d'enfants, amours, anges ou génies; sur les côtés sont représentés des faunes, des jeunes filles et des demi-dieux, qui ravissent le regard par l'éclat harmonieux des couleurs et par la perfection des formes. Le peintre a traité ce sujet mythologique avec une sobriété si grande et une chasteté si pure que les yeux les plus sévères ne sont jamais blessés, et que les visiteurs les plus moroses de la Chambre du Corrége, loin de blâmer l'ancienne abbesse de la décoration qu'elle avait choisie, ne peuvent ressentir qu'une sympathique reconnaissance pour l'aimable femme à qui ils doivent le rare plaisir de contempler un chef-d'œuvre.

Cette admirable interprétation d'une fable antique valut au peintre la commande des deux grands ouvrages où se révèle toute la puissance de son génie. *l'Ascension* et *l'Assomption*. Il exécuta à vingt-six ans *l'Ascension* à l'église de Saint-Jean : il déploya dans

cette composition une merveilleuse science des nus
et des raccourcis, et il y peignit de gigantesques
figures de l'effet le plus imposant. Peu de temps
après avoir terminé ce travail, il fut appelé à décorer l'église cathédrale, le dôme de Parme: il re-
présenta sur la voûte *l'Assomption de la Vierge*. La
mère du Christ, portée par un souffle divin, pénètre
dans les régions du ciel; elle est accueillie par les
apôtres et les patriarches, par les séraphins et par
des légions d'anges qui tourbillonnent autour d'elle
et l'entourent d'une ronde immense et éclatante.
La voûte paraît animée; l'esprit est confondu de la
puissance de vie que l'auteur a communiquée à son
œuvre, et l'on ne sait ce que l'on doit le plus admirer du charme de la couleur, de l'abondance, de
l'invention ou de la science du dessin, qui, original
et hardi, est toujours plein de vérité et de grâce.
Ce ciel, créé par le peintre, faisait dire à l'historien
Lunzi : « Qu'il réjouissait l'âme d'un tel enchantement, qu'en le voyant on croyait être au paradis. »

Devant les fresques de Saint-Jean et du dôme, on
a pu croire que le Corrége avait connu *le Jugement
dernier* de Michel-Ange et s'était inspiré des imposantes conceptions du peintre romain. Les dates
donnent à cette supposition une réponse décisive en
faveur du maître de Parme. La voûte de Saint-
Jean a été finie en 1524, celle du dôme en 1530, et
la chapelle Sixtine n'a été terminée qu'en 1541.

L'année même où le Corrége acheva les fresques

grandioses de Saint-Jean, il exécuta une de ses peintures à l'huile les plus célèbres, le *Saint Jérôme*. Ce tableau, qui fut envoyé à Paris à la fin du siècle dernier, est maintenant au musée de Parme; il a été avec un intelligent respect placé seul, comme en une sorte de sanctuaire, dans une salle décorée avec une riche simplicité: porté par un châssis mobile et disposé sous un jour excellent, il peut être admiré avec la religieuse attention qu'appelle une œuvre aussi parfaite. Le tableau de *Saint Jérôme*, nommé aussi *il Giorno* en Italie, par opposition à celui de la *Notte* qui est à Dresde, représente la Vierge tenant sur ses genoux l'enfant Jésus. Devant la mère et le fils s'incline la plus adorable des Madeleines, qui embrasse avec un amour d'une tendresse infinie les pieds nus de l'enfant divin. Sur les épaules de la sainte ondoient les flots dorés de la belle chevelure dont l'amie fidèle essuiera un jour les pieds du Christ. Saint Jérôme, accompagné d'un lion à face héraldique, et deux anges complètent la scène. Cette composition, dont la grâce n'a jamais été dépassée, est peinte avec un coloris du plus pur et du plus ravissant éclat.

Dans une salle voisine de celle où se trouve le *Saint Jérôme*, est placée, seule aussi, une autre œuvre immortelle du Corrége. Elle est appelée la *Madonna alla scodella*, à l'écuelle. Ce tableau. Plus rarement copié et gravé que le précédent, est moins connu que lui, et il est plus remarquable encore peut-être que le *Saint Jérôme*. Le sujet est un repos en Égypte. La sainte Famille, arrivée au terme de son voyage, se repose au bord d'un ruisseau qui court sous les palmiers dans les herbes et les mousses. Une paix profonde règne dans cette calme retraite qu'enveloppent des ombres transparentes. La Vierge tient d'une main une coquille qui a donné au tableau sa dénomination singulière, et de l'autre son Fils assis sur ses genoux. Le visage de Jésus exprime la candeur enfantine et le bonheur naïf de vivre, avec une grâce qui ne peut être poussée plus loin. La mère, dont le regard est plein de l'amour le plus tendre, porte encore le poids des angoisses qu'elle a subies, et elle est émue cependant d'une joie profonde en sentant que son Fils est sauvé. Cette double expression de tristesse et d'émotion a été rendue par un sentiment de douce mélancolie répandue sur les traits charmants de la Vierge. Le père est tout entier au bonheur de voir sa famille échappée au danger, et son honnête visage respire une satisfaction sans mélange. Dans les ombres lumineuses, au milieu des arbres et sur des nuées éclatantes, se jouent et volent des anges qui ont accompagné les fugitifs, et ont été pendant la route leurs serviteurs invisibles. Les habitants du ciel sont d'une merveilleuse beauté, et ils donnent un charme indéfinissable au paysage, qu'ils animent d'une vie mystérieuse.

Le musée de Parme possède plusieurs autres

tableaux du Corrége d'une grande valeur, mais d'une importance moindre que le *Saint Jérôme* et la *Madonna alla scodella.*

Devant la Vierge charmante et l'enfant rayonnant des couleurs de la vie, du repos en Égypte, il est difficile de ne pas se rappeler une poétique légende qui se rattache à une composition du Corrége. Le peintre se promenait, dit-on, un jour de printemps, avec une jeune femme dans un jardin situé sur les bords de la rivière de la Parme ; il parlait de son art, quand sa compagne cueillant une rose, la lui offrit en disant : « Malgré votre talent, vous aurez beau faire, vous ne concevrez jamais une œuvre aussi fraîche que cette fleur. » Corrége prit la rose et composa la Vierge de Saint-Georges qui est à Dresde. Pour ceux qui ont vu ce ravissant tableau, l'art a dépassé la nature, et le maître est sorti vainqueur du défi que lui avait porté la jeune Parmesane.

La légende de la rose n'est peut-être qu'une allégorie, mais nul peintre n'était plus digne de l'inspirer que le grand homme qui, à la grâce naïve et tendre de l'invention, ajoutait le plus frais et le plus pur coloris : Antonio Allegri, en effet, a porté à ses dernières limites la magie de la couleur. Ses tableaux, avant d'être un enchantement pour l'âme, sont une fête pour le regard. Ils brillent d'une lumière nacrée, douce et puissante dont les nuances sont d'une délicatesse infinie ; les dégradations de la lumière, insensibles dans les demi-teintes, ménagent des effets d'une suavité exquise et produisent un clair obscur dont le charme poétique n'a jamais été égalé. Les personnages, souvent placés dans un délicieux paysage, se meuvent dans un éther d'une pureté idéale ; ils sont entourés d'une nature dont l'enivrante beauté a été entrevue par le peintre à ces heures fugitives où la terre paraît s'animer et vivre.

Le Corrége ne craint pas de mettre ses figures en pleine lumière ; il les modèle, développe leurs harmonieux contours, et leur donne un vigoureux relief sans avoir recours aux contrastes ou aux ombres portées. L'effort ne se montre jamais dans ses œuvres. et il paraît résoudre, en se jouant, les difficultés les plus grandes de son art. La grâce l'accompagne dans ses tentatives les plus hardies ; mais à ce don divin il joint une tendresse d'expression que Raphaël seul a surpassée, et une rêverie mélancolique que n'ont pas connue les peintres de la Renaissance. Il est impossible, en contemplant les tableaux d'Antonio Allegri, de ne pas aimer en l'admirant l'auteur de tant de hautes conceptions, où une bonté suprême se révèle à côté de la grandeur : on sent, devant les œuvres du peintre, que son génie est né de l'union d'un esprit lumineux et créateur avec une âme tendre et candide.

Le grand homme dont les toiles immortelles respirent une si douce sérénité eut une vie triste et pénible : père d'une famille nombreuse, il vendait pour

la faire vivre, ses tableaux à vil prix ; méconnu de
ses contemporains, il mourut sans avoir vu naître
l'aurore de la gloire qui entoure son nom. Le grand
poëte des Iambes aurait pu, au Corrége aussi, adresser les beaux vers que lui a inspirés le peintre Florentin Mazaccio :

> Ah ! s'il est ici bas un aspect douloureux,
> Un tableau déchirant pour un cœur magnanime,
> C'est ce peuple divin que le chagrin décime,
> C'est le pâle troupeau des talents malheureux.

On a tenté d'enlever le Corrége à cette foule infortunée et sublime et de nier les misères de sa vie
et de sa mort. Le récit de Vasari, dans son *Histoire
des peintres*, et des paroles extraites d'une lettre
écrite par Annibal Carrache à son frère Ludovic, ne
permettent pas de douter de la triste existence et
de la fin déplorable du maître de Parme. « Je deviens fou et je pleure, écrivait Annibal, en pensant aux infortunes du pauvre Antonio. Quelle
douleur de voir un si grand homme, si toutefois
il était un homme et non un ange sous forme
mortelle, se perdre en un pays où il n'est pas
connu et porté jusqu'aux étoiles, et de le voir
mourir aussi misérablement. » Un portrait du Corrége qui se trouve dans la galerie des Offices, à
Florence, confirme le récit de Vasari et les plaintes
amères du peintre de Bologne. On sent, devant la
figure amaigrie, hâve et doucement triste des Of-

fices que le poids de la vie pesait fortement sur l'homme dont on voit l'image. Des tableaux que pourraient seuls acheter aujourd'hui les musées des grands États, étaient payés des prix infimes : le Corrége reçut 350 francs environ pour le *Saint Jérôme*, et la noble dame qui le lui commanda nourrit l'auteur pendant les six mois que dura le travail, et lui offrait comme gratification deux voitures de bois et un cochon gras. Une des petites toiles les plus merveilleuses du peintre fut donnée par lui en paiement de 4 ou 5 écus à un pharmacien qui lui avait fourni quelques drogues.

Antonio Allegri avait mené une dure existence, il eut une mort misérable. Il lui fut un jour, à Parme, payé en monnaie de cuivre 60 écus qui lui étaient dus pour un tableau : il les porta sur ses épaules à Corrége où demeurait sa famille; il marcha longtemps sous un soleil brûlant; en rentrant chez lui, il avait la fièvre, il se coucha et ne se releva pas. Antonio Allegri avait quarante ans. Ainsi mourut dans toute la force de son génie, comme une bête de somme écrasée par le poids de sa charge, le créateur de tant de chefs-d'œuvre, le peintre de la grâce suprême. Les contemporains avaient regardé avec indifférence les tableaux du Corrége; la postérité a vengé le maître méconnu en le plaçant à côté de ces grands esprits, Raphaël, Michel-Ange, Léonard, qui brillent d'une gloire presque surhumaine. Le Corrége remplit Parme de son nom, et il a fait de la vieille ville une de ces capitales de l'art italien, qui, comme Rome, Florence et Venise, sont un lieu de pèlerinage pour tous ceux qu'attirent le grand et le beau.

LETTRE VINGTIÈME.

—

Mantoue, juin 1863.

De Parme j'ai gagné la frontière autrichienne et Mantoue. La route se fait à l'ancienne mode, dans des voitures dont le délabrement annonce la fin prochaine d'une longue carrière. Un chemin de fer reliera bientôt Modène à Mantoue et supprimera les vieilles diligences qui circulent encore dans les duchés. Avec elles disparaîtront de ces provinces les postillons galonués, derniers représentants d'un type que conserve seul en France l'Opéra-Comique. Ces bruyants personnages sont restés fidèles à leur costume pittoresque : enfoncés dans de lourdes bottes, ils ont le chapeau de cuir empanaché, la veste ornée de brandebourgs et d'aiguillettes, et ils portent le cor de chasse en sautoir. Ils ont bien changé cependant depuis quelques années; fiers autrefois comme de grands écuyers, ils avaient sur toutes les coutures des galons éclatants, ils malmenaient le petit monde et les garçons d'auberge, et remplissaient de leurs cris et du bruit de leurs fanfares les villes et les faubourgs; ils venaient, en déposant les rênes, demander comme un tribut un pourboire qu'on refusait rarement à d'aussi brillants seigneurs.

Les postillons, de nos temps où le railway triomphe, ont quitté ces airs superbes : leur costume vieilli a subi mille outrages, ils sont pleins de mansuétude pour les gens d'écurie eux-mêmes, et de leur trompette rouillée, qu'ils n'eussent pas jadis échangée contre le cor de Roland, ils tirent des notes sourdes qui ressemblent à un râle funèbre. Ils conservent les traditions de leurs devanciers, et ils ne s'éloignent pas sans avoir sollicité *una buona mano*; ils tendent un informe chapeau d'un air si lamentable, que le cœur le plus dur s'empresse d'adoucir avec quelque menue monnaie une si grande infortune.

La route que suit la diligence traverse les plaines fertiles que Virgile a chantées ; elles sont couvertes de vignes qui s'élancent à de grands arbres et unissent par des guirlandes de pampres de longues avenues de frênes et d'ormeaux. Ces vignes folles, courant de branche en branche donnent une élégance antique au paysage, et elles semblent parer les campagnes pour des fêtes éternelles. Cette nature gracieuse et féconde paraît attendre les chœurs joyeux que les poètes et les peintres de la Grèce et de Rome font courir dans leurs idylles et dans leurs tableaux. Sous ces portiques de pampre et de verdure a passé le bruyant cortège que Chénier a chanté et où, dans un poétique désordre, s'avancent confondus

> Le faune, le satyre et le jeune sylvain,
> Au hasard attroupés autour du vieux Silène,
> Qui, sa coupe à la main, de la rive indienne,
> Toujours ivre, toujours débile, chancelant,
> Pas à pas cheminait sur son âne indolent.

Des villages et de riches fermes s'aperçoivent à une petite distance de la route, à moitié cachés par les grands arbres et par les treilles qui les entourent. Près de Mantoue, la végétation devient plus vigoureuse et plus fraîche que dans le pays de Parme; la vue est partout arrêtée par des bouquets de bois et par des rideaux de saules qui bordent de grasses prairies arrosées par de nombreux ruisseaux. La campagne ressemble à un coin de la Hollande qu'inonderait un chaud soleil. La population est active et gaie; elle est heureuse de se sentir libre, et manifeste sa joie de se trouver du bon côté de la frontière en faisant flotter à tous les balcons le drapeau qui devient à quelques pas un symbole insurrectionnel.

Huit heures environ après avoir quitté Parme, la voiture arrive au point qu'ont indiqué comme confins les derniers traités. C'est une limite d'attente dont un fossé ne marque même pas la place. Un poteau aux trois couleurs, dressé sur la route, annonce seul la fin de la terre indépendante italienne ; un poteau jaune et noir signale le commencement des possessions autrichiennes. La ligne diplomatique qui sépare les deux États est très-voisine de Mantoue. Les bagages sont soumis à une visite qui n'est pas très-sévère, et les voyageurs sont tenus au simple dépôt de leurs passeports entre les mains d'un employé ; ils n'ont plus à subir ces interrogatoires et ce luxe de précautions auxquels la police soumettait autrefois les étrangers qui entraient dans la Vénétie. La ville forte s'ouvre devant eux sans formalités bureaucratiques. L'Autriche a cédé à l'influence libérale qui vient de l'Italie, et elle laisse maintenant avec facilité circuler sur son territoire. Le court espace que l'on parcourt pour aller de la douane à la ville est couvert d'ouvrages avancés, contrescarpes, bastions, demi-lunes. Mantoue paraît digne de sa renommée de place de guerre de premier ordre : on ne voit partout que forteresses, canons et murailles. Un immense marais, que forment les eaux du Mincio, entoure de toutes parts la ville et la protége mieux encore que l'enceinte de pierres; mais il faut payer cher sa garde : il porte la fièvre dans ses eaux stagnantes, et la place forte n'est l'été qu'un vaste hôpital.

L'aspect intérieur de Mantoue ne manque pas d'une certaine grandeur : la ville renferme de belles places entourées d'arcades et de nobles monuments; elle est percée de rues larges et régulières qui partent du centre pour aboutir aux remparts; mais elle semble vide d'habitants. Quelques femmes gracieusement parées de mantilles espagnoles passent en frôlant les murailles; elles vont dans les boutiques et les églises et rentrent rapidement chez elles. Les hommes disparaissent au milieu des uniformes de toute couleur qui circulent dans les rues et sous les arcades. La ville est dans la journée abandonnée aux soldats; ils tiennent le haut du pavé, font résonner leurs éperons et leurs sabres, et ils se promènent en si grand nombre que l'on aperçoit à peine les rares habitants qui se rendent à leurs affaires; Mantoue paraît alors une vaste forteresse où sont internés quelques bourgeois suspects. C'est le soir seulement que l'on peut voir la population véritable. Quand la retraite a fait rentrer dans les casernes les soldats et une partie des officiers, il naît une sorte de vie civile : le Mantouan reprend possession de son pays, il se promène à son tour sous les arcades et dans les rues où le matin se voyaient seulement des militaires, et il remplit les cafés laissés à peu près vides dans la journée. La ville a une double existence : autrichienne quand brille le soleil, elle devient italienne quand paraissent les étoiles.

Il règne entre les deux races une séparation absolue : l'Allemand occupe en maître le territoire, la place publique et les monuments officiels, mais le foyer lui est fermé : un Italien qui traiterait en ami ou recevrait dans sa maison un officier étranger, passerait pour un traître et serait déshonoré. Il n'est pas de terrain neutre sur lequel les opprimés et les oppresseurs puissent se rencontrer ; les habitants de Mantoue évitent tout contact avec l'Autrichien, et ils ne vont que dans les lieux de réunion publique où ne se rencontre pas l'uniforme. Si dans un café qu'ont adopté les Italiens entraient des soldats, ces derniers étant les plus forts, la place leur serait cédée ; mais l'établissement envahi ne reverrait ses anciens hôtes que quand ils auraient la certitude de s'y trouver seuls et de n'être pas exposés à sentir près d'eux l'ennemi national.

J'ai été un soir témoin d'une scène qui montre toute la répulsion que l'Italien ressent pour ses maîtres, et le plaisir qu'il éprouve à la leur manifester. Un officier, nouvellement arrivé sans doute, est entré dans un café que laisse aux habitants une convention tacite. Le vide s'est fait rapidement autour de l'étranger, et il n'est bientôt resté dans la salle, assis à une table isolée, qu'un jeune Italien ; il lisait attentivement un journal français, et n'avait pas aperçu l'ennemi. L'officier alla vers lui et le pria de lui donner le journal quand il l'aurait lu. Le jeune homme ne répondit pas, mais ses yeux brillèrent d'un feu sombre; il continua une lecture qui paraissait l'intéresser vivement, et, après l'avoir terminée, il mit la feuille étrangère sur la table, et son coude sur la feuille; regardant ensuite les ornements dorés du plafond, il attendit que la haine italienne eût vaincu la patience allemande. L'officier tint bon longtemps; mais il finit par comprendre que, bien qu'il se trouvât dans une forteresse autrichienne, il s'était égaré sur une terre ennemie et il sortit. Aussitôt après son départ, l'Italien rendit à la liberté la feuille prisonnière : le *Journal des Débats* avait été le champ clos de la lutte muette. Le défi porté par le Mantouan à l'Autrichien n'était pas sans courage : l'armée est toute puissante dans le pays, et une longue détention a vengé souvent une légère insulte faite à un soldat.

Les réunions publiques, qu'anime dans les duchés et les Romagnes une joie expansive, sont à Mantoue d'une morne tristesse; la belle humeur italienne, la gaieté amiable et facile ne franchissent pas le poteau jaune et noir de la frontière autrichienne. La sombre physionomie des habitants révèle la souffrance morale qu'ils endurent. Les rires sonores et sympathiques qui courent de groupe en groupe dans les lieux publics, à Bologne et à Parme, sont remplacés par l'amer sourire de la douleur contenue; plus triste à voir que des larmes; les conversations libres et fières que tous échangent sans crainte sur la terre délivrée, deviennent des chuchotements sourds et des paroles à peine articulées; chacun regarde d'un œil inquiet s'il n'est pas écouté ou suivi par un espion. Jamais ne se montra avec une plus lumineuse évidence l'influence de la liberté d'une part, et de l'oppression de l'autre, sur le caractère et le bonheur des hommes.

Le voyageur qu'émeut la misère profonde d'une noble race, ne trouve que dans les souvenirs et les débris du passé un refuge contre les tristes impressions des temps présents. La ville, qui n'est plus qu'une des places fortes du quadrilatère, et où résonnent sans trêve la langue et l'éperon tudesques, a eu ses jours de poésie et de splendeur. Elle est le berceau du plus grand poëte de la Rome d'Auguste : *Mantua me genuit*, dit Virgile, dont le doux et puissant génie répand sur la terre natale une gloire immortelle, et elle vit au moyen âge, sous des princes éclairés et braves, fleurir les arts et les lettres. Les Gonzague remplirent le rôle qu'on attribue trop exclusivement aux Médicis : ils honorèrent les grands hommes et attirèrent à leur cour, une des plus brillantes de l'Italie, les savants et les artistes. Un des princes de la maison de Gonzague, le duc Frédéric, appela auprès de lui l'élève favori de Raphaël, Pippi, surnommé Jules Romain, et l'enfant de Rome vint rendre à la ville de Virgile une partie de la gloire que le poëte avait répandue jadis sur la patrie du peintre.

Comme le Corrége à Parme, Jules Romain règne à Mantoue, il l'a remplie de ses œuvres. Doué du génie puissant et fécond des artistes de son siècle, il était à la fois ingénieur, architecte et peintre. Il protégea le pays contre les inondations du Mincio, éleva d'admirables monuments, et orna les palais et les églises de ses tableaux et de ses fresques. En vingt ans il changea Mantoue, et en fit une des plus belles capitales de l'Italie. « Mantoue n'est pas ma ville », disait le duc de Gonzague, « elle est celle de Jules Romain.— Sur chaque place, s'écriait Vasari, devrait être la statue de Jules Romain. » Le grand homme ne survit que dans ses œuvres, et sa statue reste encore à dresser dans la cité qu'il a faite célèbre et belle. Les travaux les plus considérables qu'il ait exécutés sont le palais ducal et celui du T. Élevés ou agrandis sur ses plans, ils ont été entièrement décorés de fresques par lui et par ses élèves.

Le palais ducal, ancienne résidence des Gonzague, est un édifice vaste et irrégulier dont plusieurs parties ont été reconstruites avec un grand art par Jules Romain. Un certain nombre d'appartements sont bien entretenus, et des chambres meublées avec un luxe tout moderne sont réservées aux archiducs et à l'empereur d'Autriche en voyage; elles sont rarement occupées. On montre encore l'appartement qu'habitait le vice-roi d'Italie, Eugène de Beauharnais : il est garni des meubles armoriés du prince François ; l'aigle des Bonaparte a été conservée comme un souvenir dans le palais des Gonzague. Quand viendra le jour où l'aigle des Hapsbourg ne sera plus dans le vieux monument qu'une curiosité historique ? Les salles sont entourées de frises élégantes ; dans les embrasures des fenêtres et des portes courent des animaux fantastiques et éclatent des arabesques dans le goût des loges du Vatican ; les moindres détails sont terminés avec un soin infini et une exquise délicatesse.

De belles fresques décorent les murailles, mais les œuvres les plus remarquables sont les plafonds. Les maîtres de la Renaissance exécutaient avec un art qui semble perdu, ces vastes compositions qui donnent aux anciens palais d'Italie une beauté dont nos habitations modernes les plus somptueuses ne peuvent, avec leurs plafonds couverts d'or, faire pressentir la majestueuse grandeur. Les principaux sujets sont : Une nuit où à de bizarres fantaisies astronomiques se mêle un sentiment poétique plein d'un charme mystérieux ; un char d'Apollon, dont les chevaux, par un tour de force qui ne nuit pas à leur beauté, paraissent toujours de face, de quelque côté qu'on les regarde ; un Parnasse mantouan où sont singulièrement réunis Virgile et saint Louis de Gonzague. La plus belle œuvre des nombreuses salles est une figure de l'Innocence. C'est

une pensée de Raphaël, rendue par Michel-Ange ;
c'est l'Innocence elle-même, descendue du ciel dans
toute son idéale et pure majesté. Jamais œuvre
plus simple ne donna avec une force plus irrésistible l'idée du sublime dans l'art.

Dans une partie éloignée du palais, à côté d'anciens appartements devenus pendant la dernière
guerre des magasins militaires, se trouve une longue série de belles compositions représentant l'enlèvement d'Hélène et divers épisodes du siège de
Troie. Ces fresques peintes par Jules Romain et
ses élèves sont une admirable interprétation des
chants homériques ; elles forment un commentaire
digne de l'*altissimo poeta*. Tout y est grec : le sentiment, le costume, les armes et les visages. A une
époque où sont recherchés les livres illustrés avec
art, on ferait une entreprise méritoire certainement,
et peut-être fructueuse, en publiant un recueil où,
à côté des chants de l'Iliade, se verraient des gravures reproduisant des fresques inspirées par Homère au maître justement appelé le peintre antique. Il est temps que l'œuvre s'accomplisse, les
murs se fendent, les fresques pâlissent et s'écaillent, et les dieux et les héros que le génie avait
fait revivre vont bientôt à jamais disparaître.

Jules Romain a laissé hors de la ville son œuvre
la plus importante. A une petite distance de Mantoue, il a élevé sur l'emplacement d'une écurie destinée aux chevaux favoris des Gonzague, le célèbre

palais du T. Une jolie route bordée d'arbres y conduit; en la parcourant, je n'ai vu dans la campagne qu'elle traverse, ni les laboureurs, ni les grands bœufs des *Géorgiques*, mais des soldats croates simulant des attaques à la baïonnette et se précipitant sur un ennemi imaginaire avec des cris sauvages. L'image de la guerre est partout dans le pays classique de l'églogue et de l'idylle.

Le palais est situé dans un lieu isolé ; autour de lui tout révèle l'abandon ; les jardins ne sont pas cultivés, et une herbe épaisse et haute pousse dans les cours. La dénomination singulière que porte le palais ne vient pas, quoi qu'on ait pu dire, de la configuration du plan, qui n'a aucune ressemblance avec la majuscule dont il a le nom. Il forme un carré parfait paré de ces loges élancées qui donnent une si grande élégance aux villas italiennes. Jules Romain, architecte du monument, en fut le peintre et le décorateur à l'intérieur ; il l'orna de fresques, statues, bas-reliefs, arabesques, et déploya dans ce vaste travail les ressources du plus fécond génie. Il fut aidé dans son œuvre par ses meilleurs élèves, Jean-Baptiste le Mantouan, et par le Primatice, sculpteur, peintre, architecte et maître illustre lui-même. Le palais est, à l'intérieur comme au dehors, dans un état complet d'abandon. Un portier en est le seul habitant ; malade de la fièvre en ce moment, il laisse à une domestique aveugle le soin de guider les visiteurs à travers les appartements.

Ils ne contiennent pas un meuble ; une chaise ou deux fournies par le *custode* sont traînées de salle en salle. Ce palais dévasté, dont l'Ariane est une jeune fille aux yeux éteints, dont les hôtes sont des statues et des personnages immobiles sur les murailles, fait songer à ces châteaux des légendes qu'a frappés de mort un mauvais génie.

Des fresques qui s'effacent, des bas-reliefs et des statues mutilés se voient de toutes parts dans les vestibules et les appartements. La salle la plus connue est une pièce s'arrondissant en voûte, sur laquelle est peinte la *Chute des Géants*. Dans la partie haute, Jupiter impassible lance ses foudres contre les Titans qui veulent escalader le ciel. Le souverain de l'Olympe est entouré de déesses effrayées et de dieux qu'émeut la crainte. Au loin, sur la terre, ce ne sont que bouleversements et ruines ; les géants foudroyés se tordent dans les angoisses de la douleur et de la rage ; ils ne peuvent se croire vaincus, et ils s'efforcent de se relever pour recommencer le combat. La lutte est pleine de grandeur et de vie, mais le dessin de cette vaste conception est souvent imparfait. Les géants ont des expressions de visage exagérées qui arrivent parfois au grotesque, et leurs traits énormes et grossiers ne révèlent en rien cette force d'âme que devraient posséder des êtres qui ont eu le courage de tenter l'assaut du ciel.

A côté de la salle où les Titans succombent,

Jules Romain a peint les amours de Psyché; les fresques qui racontent cette fable charmante sont les plus belles du palais. Jamais l'ami de Raphaël n'a été plus poétiquement inspiré ; à la grâce de son maître, qu'il paraît parfois atteindre, il joint une force et un sentiment épique qui lui est propre. Les parties les plus remarquables de cette vaste composition sont : Psyché tenant une lampe et regardant l'Amour endormi, le dieu Pan sur le bord d'un ruisseau, et le festin des dieux servi par des satyres que troublent étrangement les déesses peu vêtues de l'Olympe. Le palais renferme encore de nombreuses salles qu'ornaient des peintures célèbres. Le temps efface les unes ; les autres ont été en partie détruites par des soldats à qui on avait eu la barbare idée de donner pour caserne les salons des Gonzague.

Les œuvres de Jules Romain révèlent la science unie à l'inspiration la plus féconde. Pleines d'énergie et d'audace, elles arrivent parfois jusqu'à la licence; mais les scènes voluptueuses elles-mêmes prennent sous le pinceau du peintre un aspect farouche et fier, et elles n'ont rien des langueurs fades et énervantes des peintures sensuelles du XVIIIe siècle ; elles n'en suffisent pas moins à prouver que la pruderie n'était pas le défaut dominant des dames de la cour de Mantoue. Les fresques du palais ducal et du palais du T sont toutes empreintes du génie de la Renaissance qui, rejetant les légendes et les terreurs du moyen âge, est remonté à l'art antique. Les peintures sont païennes non-seulement par les sujets qui sont mythologiques, mais encore par la manière de les concevoir et de les traiter. Les personnages qu'elles représentent ont vécu du temps d'Homère et d'Alexandre.

Jules Romain ne se montre dans toute sa grandeur qu'à Mantoue: après avoir vu l'œuvre qu'il y a laissé, il est impossible de ne pas reconnaître en lui un des princes de l'art.

La hâte est grande, quand on a admiré la vieille cité de Gonzague, de s'éloigner de la place forte autrichienne. Je m'empressai de quitter la ville lugubre où la fièvre et la guerre ont établi leur demeure ; elle est reliée à Vérone et à Venise par un chemin de fer qu'arrête, à une assez grande distance des murailles, le respect des précieux travaux du génie militaire. La voie ferrée emporte plus de munitions et de soldats que de bagages et de simples voyageurs ; elle est, avant tout, stratégique, et elle sert à échanger, entre les deux principales places du quadrilatère, des troupes et du matériel de guerre.

A une des stations de la route, le train de Venise fut arrêté et obligé à une longue attente par un nombreux convoi qui rendait toute circulation impossible. Il partait des wagons des chants et des cris joyeux, et les manifestations les plus vives d'une gaieté peu habituelle dans les possessions de l'Autriche en Italie. Ces témoignages bruyants d'un bonheur expansif étaient donnés par des soldats allemands qui retournaient dans leur pays ; ils avaient fêté leur départ par de copieuses libations qui les avaient attendris, et ils faisaient, dans un italien dépouillé d'harmonie, leurs adieux à toutes les personnes qu'ils apercevaient sur la route. La station où ils étaient arrêtés, voisine d'un petit village, se trouvait en pleine campagne, et l'on voyait partout des paysans et des paysannes qui travaillaient à la terre. Les soldats leur adressaient, avec cette bonhomie moitié sérieuse, moitié burlesque des gens ivres, des *au revoir!* accompagnés de gestes sans nombre. Hommes et femmes leur renvoyaient leurs adieux ; mais la bonhomie n'était plus sur les visages ; les Italiens jetaient un *addio* vibrant, et lançaient vers les soldats les bras et les mains avec une ardeur fébrile, avec un geste saccadé et violent qui ressemblait à une malédiction. On sentait la colère et la haine dans ces voix frémissantes et dans ces mains crispées. Partez ! voulaient dire les paysans, partez tous et pour toujours ! *Tedeschi maladetti !* Les intonations disaient la pensée que taisait la bouche.

Une vieille femme surtout était en proie à une profonde exaltation ; la tête renversée, le bras tendu, elle criait : *Addio, addio!* mais c'était un adieu de mort. Les officiers ne se trompaient pas sur la signification vraie des paroles ; ils auraient voulu arrêter des manifestations qui amenaient des réponses peu équivoques ; mais la soldatesque était en joie, et la faire taire n'était pas facile ; le départ du train put seul mettre fin à une scène qui, tour à tour bouffonne et grave, montrait le fond des cœurs. Le paysan vénitien-lombard n'est plus le même homme qu'en 1848 : indifférent alors à l'indépendance nationale, il n'avait pour l'Autriche ni affection ni haine, et il regardait volontiers le César allemand comme son souverain légitime. Les cruautés exercées par le gouvernement après 1848 et les événements de 1859 ont opéré chez les paysans une métamorphose : l'idée de la patrie italienne s'est répandue dans les campagnes, et leurs habitants ont, comme ceux des villes, un sentiment de répulsion contre la domination étrangère.

Le départ du convoi militaire rendit le chemin libre ; le train de Venise se mit en marche, et, quelques heures après la longue station au milieu de la campagne, il arrivait dans la cité des doges.

LETTRE VINGT ET UNIÈME.

Venise, juin 1863.

Venise est construite sur un groupe de petites îles que relient entre elles des ponts nombreux. Elle se dresse au milieu des eaux, et elle sort des flots, comme la Vénus antique, toute parée de grâce et de beauté. Le pied de ses maisons est dans la mer, dit un écrivain ; ses rues sont des canaux et ses voitures sont des gondoles. Étrange ville où tout se passe sans bruit, et où, comme dans le pays des fées, la vie paraît s'écouler doucement entre le ciel et la terre. Venise a l'aspect oriental, et si plusieurs genres d'architecture règnent dans ses monuments, c'est le style mauresque et le style byzantin qui dominent en elle et qui lui donnent son principal et son plus charmant caractère. Ses habitants, grands navigateurs, élevaient au milieu des lagunes des palais inspirés par ceux qu'ils avaient vus dans leurs courses lointaines. Dans la ville italienne brille en tout son éclat l'art qui a édifié autrefois les mosquées des croyants et les palais des émirs; c'est là qu'il faut l'admirer. Une promenade à Saint-Marc ou sur le grand canal, entre cette haie de merveilleux monuments qui le bordent, révèle mieux l'architecture orientale en ses beaux temps qu'un voyage à Constantinople ou au Caire.

C'est à la place Saint-Marc que court l'étranger quand il arrive à Venise; il y retourne sans cesse. Saint-Marc est le centre d'activité de la ville, et la faible vie qui reste à la cité devenue autrichienne paraît s'être portée entière au point où battit le cœur de la vieille république. La place était autrefois un lieu de réunion où se pressait une foule nombreuse; un salon ouvert à tous, où se croisaient les grandes dames et les courtisanes, les sénateurs et les marionnettes, les marchands d'orviétan et les moines. Au milieu des Vénitiens passaient des hommes venus de toutes les parties de l'Europe, et des Levantins au brillant costume : Turcs, Grecs, Arméniens, attirés par le négoce et retenus par les plaisirs d'une civilisation raffinée. Pendant le carnaval, la place devenait le vaste foyer d'un immense opéra, les promeneurs et les masques s'y pressaient, nouant des intrigues politiques et amoureuses; les lazzi s'échangeaient, et sur les dalles de Saint-Marc, polies comme celles d'une église, circulait, le loup sur le visage et la folie au cœur, tout un monde charmant que l'on ne voit plus que dans les comédies de Gozzi et les tableaux de Canaletto. Les fêtes ont cessé et les personnages qui les animaient ont à jamais disparu; mais les lieux témoins des joies des générations éteintes ont conservé leur splendeur et leur éclat. Le spectacle terminé, les décorations sont restées debout; elles sont aussi brillantes que dans les jours, éloignés déjà, où s'agitaient de toutes parts les aimables acteurs d'un drame fantastique et réel.

La place Saint-Marc est un carré long; elle présente, dans sa disposition générale, quelque ressemblance avec le jardin du Palais-Royal de Paris. Un des bouts est fermé par une construction à arcade, mise à la place de l'ancienne église de San-Germiniano, que l'on a eu, en 1809, la malheureuse idée de démolir; sur les côtés s'élèvent les Procuraties vieilles et nouvelles, longs palais d'une gracieuse architecture sous lesquels courent d'élégants portiques, et que couronnent des ornementations sculptées et des statues de marbre. Au fond de la place, du côté des Procuraties neuves, se dressent, à 300 mètres au-dessus du sol, une tour carrée ou campanile; au sommet brille un ange aux ailes d'or; à la base est un joli petit édifice de Sansovino, que l'on appelle la *Logetta :* il est orné d'une grille en bronze, chef-d'œuvre de délicatesse et de goût. En face du campanile est la tour de l'horloge ; les jours de fête, une porte voisine du cadran s'ouvre, et l'on voit s'avancer la procession des rois mages qui vont, toutes les heures, s'incliner devant une image de la Vierge et de son Fils. Le quatrième côté de la place est fermé par la basilique de Saint-Marc. Il offre un coup d'œil féerique. L'église paraît étincelante d'or, de marbres de toutes couleurs et de lueurs argentées. Les innombrables piliers de porphyre, les cinq porches revêtus de resplendissantes mosaïques, les chevaux de Lysippe qui semblent attelés à un quadrige invisible, la galerie de colonnes légères, les clochetons aériens que peuplent des statues, le lion ailé, blason de la république morte, qui se dresse encore sur la façade, les coupoles lamées de plomb que surmontent des croix dorées, font de l'église vénitienne un monument unique au monde et donnent aux yeux ravis la plus éblouissante des fêtes.

Le charme que cause l'architecture extérieure se change en une impression profonde, quand on a franchi le majestueux péristyle et les portes vénérables de Saint-Marc. La nef resplendit d'une lumière fauve et les côtés sont pleins d'ombre. Les voûtes et les murailles sont couvertes de grandes mosaïques symboliques incrustées sur un fond d'or ; une forêt de colonnes antiques, des coupes de porphyre, des arabesques sarrasines, des statues de bronze, des coupoles byzantines, des légendes mystérieuses, des débris et des reliques de toutes les civilisations et de tous les cultes se pressent, accumulés, dans une confusion grandiose. Le spectateur ignorerait s'il se trouve dans un temple, dans une mosquée ou dans une église, si, au fond de l'abside, ne se dressait une colossale figure du Christ. Saint-Marc paraît une sorte de panthéon où tous les peuples et tous les temps ont porté leurs offrandes. Cette richesse est austère, ce chaos est harmonieux, et ce monument étrange où l'humanité pourrait retrouver tous ses dieux est empreint d'un grand et profond sentiment religieux. Il a été, en des siècles de foi vive, élevé par des croyants que ne troublait aucun doute, et qui honoraient le patron des lagunes en enrichissant son église de toutes les belles choses qu'ils avaient trouvées dans les contrées lointaines.

Il faut de longues heures pour contempler les trésors que Saint-Marc renferme. Ses mosaïques, dont les premières, exécutées par des artistes grecs, sont empreintes d'une sauvage énergie et d'une naïveté charmante, présentent un vaste champ d'observations et d'études ; la balustrade du chœur et les statues qui la surmontent sont des œuvres dignes des plus beaux jours de la Renaissance ; une porte de bronze ciselé, exécutée par Sansovino, offre les portraits curieux de l'auteur et de ses amis, Titien, Palma et l'Arétin, étranges personnages à mettre dans un lieu saint. Le pavé de l'église est lui-même un objet d'art; il est composé de mosaïques variées à l'infini et de vastes dalles que le tassement successif des pilotis a fait onduler comme les flots sur lesquels est bâti Saint-Marc.

Les Vénitiens avaient dressé devant la basilique trois mâts montés sur des piédestaux en bronze, ciselés par Léonardo avec un art infini ; ils portaient autrefois les pavillons de Candie, de Chypre et de Négrepont ; ils occupent toujours leur ancienne place, mais ils ne sont plus ornés des étendards qui rappelaient des conquêtes ; à leur sommet est attaché le drapeau noir et jaune qui flotte sur la ville asservie comme un voile de deuil et comme un signal de lugubre avertissement. Les couleurs sombres conviennent à la misérable Venise de ce temps ; le drapeau noir qui l'ombrageait dans les jours néfastes où sévissait la peste d'Orient est le seul qui doive flotter sur la cité quand le plus grand des fléaux, la domination étrangère, s'appesantit sur elle. Les bannières des fêtes glorieuses s'étendant sur la place Saint-Marc seraient une amère dérision.

Cette promenade, où se pressait jadis une foule aimable et brillante, est dans la journée presque déserte; les habitants la traversent et quelques étrangers viennent l'admirer, mais ils ne peuvent animer sa solitude ; les seuls hôtes fidèles de la place sont les pigeons de Saint-Marc. Nourris par l'État, sous la république, ils reçoivent aujourd'hui de tous le grain de mil quotidien ; à l'heure de la distribution, ils tourbillonnent dans l'air et viennent en groupes gracieux s'abattre sur les dalles. Le soir, Saint-Marc prend une apparence de vie; les tables dressées devant les nombreux cafés situés sous les arcades se garnissent de monde, et des industriels de toute sorte circulent de groupe en groupe offrant leurs marchandises et leurs services. Trois fois par semaine, la musique militaire exécute avec un art parfait les chefs-d'œuvre de Mozart et des valses allemandes que ne va entendre aucun Vénitien. Quand la troupe officielle a terminé son concert, des musiciens ambulants paraissent et vont tour à tour devant chaque café chanter et jouer avec une verve singulière des airs empruntés la plupart aux opéras de Verdi. A 11 heures, les cafés sont abandonnés, et la ville aux folles nuits est aussi paisible que la plus petite sous-préfecture de province. Il y a longtemps déjà qu'au pays des lagunes la nuit est, comme dans toutes les contrées du monde consacrée au sommeil.

Près de la basilique du grand patron de Venise, par le retour d'équerre que fait la place du côté des Procuraties neuves, se trouve la Piazzetta, plus petite, comme le dit son nom, mais plus belle encore que la place Saint-Marc. Elle s'appelait autrefois le Broglio; un de ses côtés était toujours laissé aux nobles, ils s'y promenaient seuls et s'y livraient aux intrigues qui précédaient les votes et les élections politiques. Le Broglio était une espèce de vestibule de la salle du Grand-Conseil, la Piazzetta n'est plus qu'un admirable lieu de promenade.

Les yeux ravis ne rencontrent de tous côtés qu'enchantements et merveilles : à droite se dresse la vieille bibliothèque, chef-d'œuvre de Sansovino fait dans le style grec le plus riche ; des statues de dieux et de déesses dominent l'édifice ; près de lui est la Zecca, hôtel de la monnaie, beau monument qui termine le côté droit de la Piazzetta. En face s'élève le palais des doges, masse énorme que portent deux étages de colonnes mauresques ornées de chapiteaux d'une variété infinie et d'arabesques les plus délicates. On s'étonne de ne pas voir les frêles et élégants supports fléchir sous l'immense cube de pierres qu'ils tiennent comme suspendu dans l'air. La vaste façade supérieure est percée de fenêtres en ogive. L'une d'elles, large et belle, chargée d'ornements mauresques et surmontée d'une Vierge, est la dernière tribune d'où Manin, cet homme simple et grand comme un héros de Plutarque, harangua le peuple quand Venise, après une défense héroïque, fut obligée de s'incliner devant l'injuste fortune. Entre le palais ducal et la vieille bibliothèque, se voit le Campanile au mur teinté de rose, et s'avance de toute la largeur du porche de l'église un angle de Saint-Marc, qui offre un assemblage étrange et charmant de statues, de mosaïques, de colonnettes arabes, de bas-reliefs byzantins, de clochetons et de dômes argentés. Dans cette partie de la basilique est une Vierge qu'éclairent toujours deux lumières ; elles brûlent depuis des siècles pour rappeler et expier une erreur judiciaire qui envoya à la mort un innocent. Quel est le pays où la justice humaine ne devrait pas allumer de lampes expiatoires ?

En face de Saint-Marc et du Campanile se dressent deux vigoureuses colonnes de granit : l'une porte le lion de saint Marc, les ailes déployées et la griffe posée sur l'Évangile ; l'autre, saint Théodore debout sur un crocodile. Entre les colonnes s'étendent les lagunes, dont les eaux viennent baigner les rives bordées de marbre de la Piazzetta. Au loin s'aperçoivent des églises, des palais, la terre, la mer se mêlant au ciel azuré et se confondant avec lui. Merveilleux spectacle où la réalité dépasse le rêve, et qui frappe d'admiration et de surprise l'esprit qu'ont le mieux préparé contre les émotions imprévues les descriptions des voyageurs et les tableaux des peintres.

Le caprice de l'art mauresque paraît régner en maître dans quelques-uns des monuments qui bordent Saint-Marc et la Piazzetta ; mais, au milieu des fantaisies les plus aventureuses, se laisse voir sans se montrer la science italienne, qui règle les écarts de l'imagination orientale ; de toutes parts éclate le goût magistral des grandes époques, et l'invention légère ou puissante n'oublie jamais le sage précepte des anciens : *Rien de trop*. Les deux places qu'entourent des édifices des styles les plus divers, où les dieux de l'Olympe regardent les vierges de Byzance, où les ogives sarrasines font face aux colonnes corinthiennes, offrent au regard un ensemble d'un effet admirable. La combinaison heureuse de lignes inégales, le rapprochement habile d'architecures disparates, le mélange charmant de l'eau, du marbre et du ciel, la réunion étrange d'œuvres apportées de toutes les parties du monde, produisent une idéale harmonie dont la froide symétrie et la fastidieuse uniformité des places et des monuments de l'Europe nouvelle ne pourront jamais présenter la plus lointaine image.

Au milieu de ce concert superbe des œuvres les plus belles éclate une pénible dissonance ; c'est l'homme qui la fait naître. Sous les colonnes toutes constellées d'arabesques du palais ducal, un soldat croate se promène un fusil couché sur l'épaule ; à côté de lui sont rangées des armes nombreuses et sont braqués quatre canons dont la gueule fait face à la Piazzetta. Cette sentinelle autrichienne, cet appareil de guerre sur une place qui semble une salle du palais des Génies, produisent la plus cruelle impression. La réalité brutale chasse tous les souvenirs évoqués par les monuments qui se dressent de toutes parts, et fait songer aux épreuves et aux luttes que devra subir et affronter Venise pour redevenir elle-même. Le Turc au Parthénon ne révoltait pas plus la pensée que le Croate au palais des doges.

Le vieux monument où l'aristocratie avait établi
le siége de son pouvoir a deux grandes et riches
façades, l'une sur le quai des Esclavons, l'autre sur la
Piazzetta. De l'un et de l'autre côté une porte donne
accès dans l'intérieur de l'édifice ; une belle cour se
présente : elle est ornée de deux larges margelles de
puits faites d'un seul jet de bronze et décorées des
plus fines ciselures ; l'art en ce pays a mis partout
son empreinte. Sur les margelles délicates viennent
se pencher tout le long du jour de pauvres filles du
Frioul, qui font à Venise le métier des Auvergnats à Paris ; elles remplissent des seaux de cuivre et vont en courant porter de l'eau à travers la
ville. Elles ont une réputation d'honnêteté et de sagesse qu'elles méritent sans doute, et un renom de
beauté que justifie rarement leur visage.

Un bel escalier de marbre blanc conduit au premier étage du palais ; deux statues de Mars et de
Neptune, qui sont de haute taille sans être colossales, lui ont fait donner le nom d'escalier des géants.
Au second étage, où l'on arrive par l'escalier d'or,
sont de nombreuses et vastes salles ornées avec une
profusion superbe des œuvres des maîtres vénitiens. La plus remarquable de ces salles est celle
du grand conseil ; elle est immense et couverte de
tableaux la plupart inspirés par l'histoire de la république. Les portraits des doges qui ont gouverné
l'État depuis l'an 804 sont peints par ordre chronologique dans une frise qui règne au-dessus du lam-

bris du plafond. Quand on arrive à la place où devrait figurer Marino Faliero, on ne voit qu'un voile noir sur lequel se lit cette dramatique inscription : *Hic est locus Marini Phaletri decapitati pro criminibus.* L'ombrageuse aristocratie poursuivit jusque dans la mort le chef qui l'avait trahie, et fit détruire toutes les effigies de Marino Faliero.

Au-dessous des portraits se trouvent de nombreux tableaux : une vaste toile du Tintoret pleine de fougue et de mouvement occupe tout une muraille ; elle représente la gloire du paradis. Les Palma, les Bassan, le Tintoret, Mario Vecellio, Véronèse couvrent de leurs peintures resplendissantes les autres parties de la salle. C'est au plafond qu'éclatent les œuvres les plus belles. La composition la plus importante est *la Venise couronnée par la Gloire*, de Véronèse. La reine de l'Adriatique est représentée par une blonde vénitienne toute rayonnante de jeunesse et de beauté ; elle est entourée de femmes aux cheveux dorés, aux épaules nues, et de jeunes filles que parent des étoffes ruisselantes de lumière. On ne peut imaginer une composition plus pompeuse et plus triomphante. Les autres salles, moins vastes que celle du grand conseil, sont ornées avec un luxe égal de tableaux, et le palais ducal où se faisait l'histoire de Venise est aujourd'hui un musée qui la raconte.

Le monument magnifique témoigne des richesses et de la grandeur du gouvernement des patriciens, mais il montre aussi ses rigueurs et sa défiante cruauté. Dans les parties hautes du palais étaient les plombs qui n'existent plus ; en face se trouvaient les prisons d'État que le pont des Soupirs réunit aux salles où se tenaient les inquisiteurs et les juges. Les puits sont placés dans les étages inférieurs, on y pénètre par des escaliers tortueux et humides. Les cachots sont étroits et noirs, et leurs tristes habitants n'avaient de communication avec les vivants que par un guichet ouvert sur un couloir où n'arrive jamais la lumière du soleil. Les condamnés à mort pour crimes politiques étaient exécutés près de leurs cachots. On voit encore le siège de pierre sur lequel s'asseyait le patient que le bourreau étranglait à la mode espagnole. Le supplicié était mis dans une gondole et porté au canal Orfano ; le cadavre, un boulet aux pieds, était lancé au fond des lagunes. Le cœur se serre dans ces lieux sinistres, et l'on est heureux, en quittant ces tombeaux où des hommes ont longuement souffert, de revoir la clarté du ciel et *le stelle*, comme dit Dante, en s'éloignant de la *città dolente*.

Il est intéressant, quand on a visité le siège de la puissance de l'aristocratie vénitienne, le monument où régnaient son doge, ses inquisiteurs et son bourreau, d'aller voir les palais où les patriciens abritaient leur vie privée. Une promenade au grand canal fait passer la féerique revue des somptueuses demeures qu'habitaient les familles où la république trouvait ses conseillers et ses chefs. Les fières et élégantes façades des édifices disent la grandeur asiatique, les richesses immenses et l'art superbe de cette république de marchands aristocrates, elles sont les pages précieuses d'un livre d'or écrit en pierre et en marbre. Le départ est facile, des barques nombreuses sont amarrées devant la Piazzetta, et des gondoliers groupés autour des colonnes de granit offrent avec politesse leurs services, vantant l'agilité de leurs rames et la douceur de leur gondole. On laisse un peu le hasard choisir et, appuyé sur le bras que tend le barcarole, on entre dans la voiture des lagunes. Depuis la litière antique jusqu'au moderne wagon, jamais ne fut inventé un mode de locomotion plus agréable et plus doux.

La gondole est un bateau long et étroit; au milieu est une cabine appelée *felce* assez semblable à la caisse d'un coupé. Sur le devant se trouve la porte par laquelle on entre à reculons. Deux moelleux coussins de maroquin placés dans le fond, et deux siéges latéraux permettent à quatre personnes de se tenir dans la gondole : deux fenêtres percées sur les côtés s'ouvrent et se ferment à volonté, ainsi que la portière, et l'on peut dans l'incognito le plus complet parcourir tous les canaux de Venise. Le devant du bateau est terminé par un long bec qui se relève en col de grue et qu'arment des dents d'acier. La gondole tout entière à l'intérieur et à l'extérieur est noire : cette sombre couleur donne un air de mystère à la course la plus innocente. et elle est en entière harmonie avec la physionomie romantique de Venise. La barque est manœuvrée par deux rameurs, gens discrets et habiles, qui ne cherchent à pénétrer aucun secret, et évitent de l'air le plus simple les accidents et les chocs. La *felce* est remplacée en été par une tente légère.

Une promenade en gondole, qui est toujours un passe-temps délicieux, devient un voyage au pays des merveilles quand on suit cette langue d'eau unique au monde, qui se nomme le *Canale Grande*. Il n'est pas une ville antique ou moderne où l'œil ait jamais pu rencontrer un semblable spectacle. Des deux côtés du canal sortent des flots verts de grands palais que ne bordent ni quais ni rivages; leurs fondations reposent sur des forêts de pilotis invisibles, et leurs corniches sont baignées par les ondes roses, jaunes et bleues de l'atmosphère vénitienne. De grands architectes : les Lombard, les Scamozzi, les Santonio élevèrent ces monuments, précieux modèles de tous les styles. Des fortunes royales et les millions des banquiers cosmopolites suffiraient à peine aujourd'hui à construire des édifices semblables à ceux qui se dressent de toute part.

Ces palais, même ceux de la décadence, présentent tous la majesté grandiose qui convient aux œuvres architecturales. Dans une belle situation se voit le palais mauresque des Foscari; sa façade est ornée de trois étages de colonnettes sarrasines que dominent des ogives et des trèfles. A son balcon mourut, en entendant la cloche qui annonçait l'intronisation de son successeur, le vieux doge Foscari, déposé par le Conseil des Dix. Ensuite se présentent les palais Moncenigo, qu'habita Byron ; Pisani, où Véronèse reçut une hospitalité que paya largement l'artiste, en laissant à la noble famille une toile splendide que les descendants ont vendue 300,000 francs au Musée britannique. Les palais Loredan, Dandolo, et d'autres somptueuses demeures qu'il serait trop long de citer, se montrent des deux côtés du canal. Le temps et le soleil ont doré le marbre et la pierre, et donnent à ces vieux monuments une élégance et une beauté que les nouveaux édifices ne peuvent égaler.

Vers le milieu du grand canal s'arrondit la voûte hardie du Rialto, grand pont de pierre que surmontent deux rangées de boutiques. Au-delà du Rialto s'étend une nouvelle et double ligne de splendides demeures ; on voit tour à tour le palais Pesaro, plein de pompe et d'éclat, construit de pierres taillées à facettes ; le *Fondaco dei Turchi*, où logeaient les marins et les marchands turcs ; la *Casa d'oro palazzino*, découpé comme une guipure, vraie demeure de péri ; il appartient à Mlle Taglioni, la célèbre danseuse ; le palais Vendermini-Calerghi, que fit construire un Lorédan et qu'habite Mme la duchesse de Berry. C'est un des plus beaux palais de Venise. Ces somptueuses habitations que firent élever les riches patriciens sous la république, ne sont pas occupées par les descendants de leurs premiers maîtres : elles sont devenues des hôtels ou des casernes autrichiennes. Quelques-unes ont été achetées par des étrangers, et beaucoup tombent en ruine. Ces palais abandonnés sont l'image de la Venise moderne ; elle voit tous les jours diminuer et s'éteindre la vie qui l'animait autrefois.

>Toits superbes, froids monuments,
> Linceul d'or sur des ossements,
> Ci-gît Venise

a dit un poëte qui a habité et aimé la pauvre ville. Des neuf cents familles inscrites au livre d'or, cinquante à peine survivent. Les plus grands noms de la république ne se rencontrent plus que sur des tombeaux.

Le voyageur, en s'éloignant des habitations somptueuses où les patriciens étalaient un luxe royal, éprouve un intérêt mélancolique à visiter les dernières demeures qu'élevait avec soin la fastueuse aristocratie de Venise. Des palais déserts et des monuments funèbres les plus tristes ne sont pas les tombeaux. C'est dans les églises que les Vénitiens enterraient les morts ; on retrouve en parcourant ces nécropoles les noms des hommes qui siégeaient à la salle du grand conseil et qui habitaient les palais du grand canal. Souvent une inscription énergique et simple révèle, en ce style lapidaire dans lequel ont toujours excellé les Italiens, un exploit glorieux, un généreux sacrifice, une noble vie consacrée au bien public. Toutes les églises servaient de lieu de sépulture; une de celles qui a donné asile aux morts les plus nombreux et les plus illustres est San Giovanni Paolo, plus doucement appelée en dialecte San Zanipolo. Elle est une sorte de panthéon où la république a placé ses grands hommes.

Les tombeaux sont élevés avec le faste et l'art que montraient les patriciens dans les habitations des vivants; ils sont la plupart ornés de statues de la plus magistrale tournure. On remarque à Zanipolo les mausolées des trois doges Mocenigo, dont Lombard et ses fils furent les architectes; celui du doge André Vendrami, un des plus beaux monuments de la Renaissance; la pierre sépulcrale de Bragadino, l'héroïque défenseur de Fumagosta, écorché vif par les Turcs, avec cette mâle devise : *Vivo et intrepide sofferenti pellis detracta fuit,* « écorché vivant, il souffrit avec intrépidité. »

Les églises sont aussi des musées; elles renferment toutes un nombre considérable de peintures excellentes des maîtres vénitiens. Saint-Jean et Saint-Paul possède la toile célèbre de *saint Pierre martyr*, par Titien; un décret du Sénat défendait, sous peine de mort, de vendre ce tableau. Les tombes des artistes qui ont illustré Venise se rencon-

trent à côté de celles des généraux et des sénateurs:
à San Zacharia repose le sculpteur Vittoria; à San
Sébastien, sous une simple pierre, est enterré Paul
Véronèse; mais mieux que par des marbres pompeux il est glorifié par ses œuvres, qui lui font
un superbe cortége: les tableaux du maître remplissent l'église. Une peinture admirable représentant le martyre de saint Marc et saint Marcellini,
offre, dit-on, sous les traits de saint Sébastien, le
portrait de Véronèse. « C'est presque au bas de
cette toile, dit Théophile Gautier, qu'est enterré le
peintre. Jamais lampe plus éclatante n'illumina
l'ombre d'un tombeau, et le chef-d'œuvre rayonne
au-dessus du cercueil comme le flamboiement
d'une apothéose. » Saint-Sébastien renferme l'humble sépulture d'une famille de gondoliers, les
Zorzi du Traghetto de Barnaba; non loin du grand
peintre de la Venise triomphante reposent les modestes et utiles serviteurs de la cité des lagunes.

San Salvator contient aussi un grand nombre de
tombeaux. Les plus remarquables sont celui de
Catherine Cornaro, reine de Chypre, et le monument
que Sansovino, âgé de soixante-dix-huit ans, éleva
au doge Vernier. Il porte l'inscription suivante:
Nullus nec ad umbratæ laudis stimulo nec privatæ utilitatis errore nunquam promotus, nil præter justum imperium affectavit, pulcherrimum liberis civibus exemplum;
« ne cédant jamais à l'aiguillon d'une vaine louange,
ni au coupable conseil de l'intérêt personnel, il ne

désira jamais rien qu'un pouvoir légitime, très-bel exemple pour des citoyens libres. » Noble devise qui pourrait s'inscrire sur la tombe d'un Washington et que tout chef d'État devrait envier.

Venise possède beaucoup d'églises, et il est impossible de citer toutes celles qui renferment des œuvres précieuses. Chacune d'elles est un musée, et l'on éprouve une surprise toujours renaissante en voyant la quantité innombrable de tableaux qu'a produits la lumineuse et féconde École vénitienne. Les sculptures, dont il n'est presque jamais parlé, sont dignes des peintres ; ils ont peuplé les palais et les monuments de statues empreintes d'une grandeur et d'une noblesse qu'on ne peut se lasser d'admirer.

Il est peu d'églises qui ne renferment un chef-d'œuvre : à Sancta Maria Fromosa, au-dessus d'un autel enfumé, brille un des plus beaux tableaux de Palma Vecchi ; il représente une *Sancta Barbara* d'une couleur resplendissante ; sous les traits de la sainte, le vieux maître a peint sa fille Violente qu'aima longuement Titien et qui fut le modèle des célèbres Vénus. C'est une admirable fille de Venise ; mais sans la couronne qui ceint sa tête et la palme que tient sa main, on ne verrait jamais en elle une martyre, et ce n'est pas une adoration mystique qu'inspirerait la superbe image.

Les jésuites ont à Venise, comme dans beaucoup de villes italiennes, une église qui appartient spécialement à leur ordre. Les chefs-d'œuvre sont rares d'habitude dans les édifices religieux consacrés aux révérends pères, et les marbres précieux, l'or et les pierreries y remplacent les tableaux et les statues des grands maîtres. L'église vénitienne ne fait pas exception à la règle commune ; elle est une merveille de luxe et de mauvais goût. Des sommes considérables ont été dépensées pour renverser toutes les règles du bon sens et de l'art : des marbres se déroulent mollement sur les marches de l'autel et figurent une moquette aux brillantes couleurs ; la chaire est, comme une alcôve, galamment entourée de rideaux blancs et verts, semés de fleurs ; des marbres de diverses nuances forment ces étranges tentures qui se drapent de la plus coquette façon au-dessus de la tribune sacrée. Les colonnes elles-mêmes, ces graves et majestueux ornements des temples, ont été victimes des imaginations les plus folles ; elles se contournent avec désespoir et élèvent vers les voûtes des fûts de couleur diaprée.

Toute l'ornementation est dans un style semblable. Les Vierges aux sept douleurs se pâment doucement, et des anges bouffis, le sourire sur les lèvres, se présentent avec des airs gracieux de danseurs d'opéras. Jamais le sentiment religieux n'a été plus méconnu, jamais ne fut faite caricature plus profane des austères monuments qu'élevait la foi du moyen âge. Les dorures et les pierres précieuses remplacent les inspirations des grands artistes. L'autel de saint Ignace à l'église du Gesu à Rome offre le type accompli des décorations chères à la congrégation; les métaux rares y abondent, et se montrent de toute part sous les formes les plus bizarres. Une statue en argent aussi mauvaise que riche et haute de 3 mètres, est le signe des grandeurs célestes du saint patron, et pour donner une idée infinie de la puissance divine, dans la main d'un Père éternel a été mis le plus gros morceau connu de lapis-lazuli. Si le beau est pour Platon la splendeur du vrai, il est pour les révérends pères la splendeur du faux.

Toutes les conceptions de l'esprit sont liées par une invincible logique; les hommes qui ont sur l'art des notions perverties ne peuvent comprendre ni aimer le vrai dans aucune de ses manifestations; et ils façonneront à leur usage une morale, une littérature et une histoire qui seront à l'éternelle vérité ce qu'est leur art à la beauté idéale. Qui préfère un baldaquin de chapelle jésuitique et la sainte Thérèse de Bernin aux colonnes du Parthénon et au *Moïse* de Michel-Ange, ne comprendra jamais Homère ni Dante, et ne sera jamais ému par une inspiration du génie ni par un cri du cœur. Il n'est pas nécessaire qu'un père de famille ait lu Pascal, il suffit qu'il ait vu une église des disciples de saint Ignace, pour qu'il ne fasse pas d'eux les professeurs de ses fils; il doit craindre qu'ils ne travestissent toutes les doctrines auxquelles ils touchent; faussaires de l'art, ils seront des moralistes de fantaisie, et ils ne sauront inspirer aux jeunes générations ni la forte foi des croyants ni révéler la philosophie sereine des sages.

Aucune ville n'avait plus que Venise les éléments nécessaires pour créer un musée. Des maîtres nombreux d'une puissante fécondité avaient rempli de leurs œuvres les églises et les palais. La suppression d'un certain nombre d'établissements religieux, la ruine des grandes familles permettaient à l'administration municipale de devenir, dans des conditions favorables, propriétaire de rares chefs-d'œuvre. Cette pensée a été comprise, et une collection publique, commencée il y a une cinquantaine d'années, est devenue, sous le nom d'Académie des beaux-arts, une des galeries de tableaux les plus précieuses de l'Europe.

De belles salles contiennent des toiles importantes de tous les peintres qui ont illustré la brillante École vénitienne. Parmi une quantité considérable de tableaux de Titien, le musée possède la grande *Ascension de la Vierge* et la toile qu'à l'âge de quatre-vingt-dix-neuf ans le vieux peintre peignait, quand la peste est venue le frapper. Véronèse est représenté à l'Académie par une de ses splendides cènes; Robusti Tintoret, par un chef-d'œuvre de l'art italien, *le Miracle de saint Marc*. Les œuvres les plus intéressantes pour l'étranger sont les Vierges de Bellini, pleines de sentiment divin et d'humaine tendresse ; les tableaux de Bonifacio, tout étincelants des teintes les plus harmonieuses, et surtout les vastes et précieuses toiles d'un peintre que l'on ne peut connaître qu'à Venise, de Victor Carpaccio, le Raphaël des lagunes, inspiré et charmant comme le maître d'Urbin en ses jeunes années. Les personnages de Carpaccio sont empreints de cette simplicité fière, de cette épique naïveté que trouvent seuls les artistes créateurs.

Les peintres vénitiens ne se sont pas livrés à la recherche de la couleur locale ; ils ont donné aux dieux, aux héros et aux saints les costumes que portaient leurs contemporains; leurs tableaux n'en sont que plus précieux pour nous ; au lieu d'une antiquité problématique, ils offrent la représentation fidèle des mœurs de leur époque; ils nous montrent les femmes et les hommes qui vivaient dans la riche Venise d'autrefois ; ils permettent à l'esprit de peupler les palais déserts, de voir passer en rêve les belles dames aux formes opulentes, le doge et son cortége, les sénateurs au noble visage, et d'animer un instant d'une vie heureuse et libre la place qu'ombrage le drapeau jaune et noir, et la Piazzetta que garde le soldat croate.

LETTRE VINGT-DEUXIÈME.

—

Venise, juin 1863.

Sur les rivages qu'elle remplissait autrefois de sa grandeur, « vous trouvez encore la Venise patricienne, dit Edgard Quinet, toute parée comme Inès de Castro dans son sépulcre. » Près du somptueux tombeau de la cité aristocratique, vit d'une existence misérable la triste Venise de nos jours ; asservie, elle n'est pas soumise, et de la force qui lui reste elle proteste contre le maître qui l'opprime. Les hommes qui l'habitent savent que la vieille république ne doit pas renaître ; elle est pour eux une belle légende qui poétise le passé, elle n'est pas un but. Ce n'est pas vers le temps des doges qu'ils dirigent leurs pensées, c'est vers celui de Manin ; ils ont vu le grand réveil de 1848 et ils ne croient pas que le peuple qui fit, il y a quinze ans, cette nouvelle et mémorable histoire qui contient plus de nobles actions que de jours, soit condamné à une éternelle servitude.

La dernière révolution forme l'âge héroïque de la génération vivante, elle puise dans les événements accomplis en 1848 une confiance inébranlable. Une ville a pu conquérir seule la liberté, elle ne sera pas vaincue quand une nation entière ira la secourir. En attendant l'heure de la lutte, les Vénitiens ne nourrissent en leur cœur que deux sentiments : la haine de l'Autriche et l'amour de l'Italie. Fidèles exécuteurs du testament politique de Manin, ils ont renoncé à toute autonomie qui ne serait qu'un anachronisme historique, et ils demandent sans distinction de parti à devenir les citoyens libres de la patrie italienne.

Le grand homme qui a guidé pendant la révolution les destinées de Venise n'avait pas attendu l'exil pour préparer l'union de son pays à une Italie affranchie et régénérée. Il avait établi une république dont le nom seul rappelait le gouvernement des doges, et dont les principes, largement égalitaires, étaient la négation absolue de l'ancien régime oligarchique. Républicain sincère, mais grand politique, Manin avait réservé l'avenir ; avec une intuition profonde des événements qui pouvaient naître dans la Péninsule, il avait déclaré dans le manifeste qui accompagnait la proclamation de l'indépendance : « Que Venise républicaine se prêterait à tout changement de forme politique, si l'intérêt général de l'Italie venait à l'exiger. » Prudentes et généreuses paroles prononcées dans l'ivresse du triomphe, et qui doivent être comptées à la ville retombée sous le joug. Le dévouement civique qui avait amené la délivrance de Venise, la sagesse qui présida à son organisation politique, se montrèrent unis à une admirable fermeté quand vinrent les jours du péril.

Le monde entier applaudit à la longue et héroïque défense de la cité des lagunes. Ni les armées autrichiennes, ni le choléra qui leur vint en aide, ni l'abandon de l'Europe entière ne purent vaincre sa constance. La famine seule la força à se rendre. Pendant le siége mémorable de Venise, tous ses habitants luttèrent de générosité et de courage, donnant à l'envi leur sang et leur fortune pour défendre la patrie commune. Les hommes et les femmes portaient au trésor public leur argenterie et leurs bijoux, et au moment de la plus grande détresse, dix-huit familles dont les noms devraient être inscrits au livre d'or des peuples, vinrent offrir à la patrie huit millions pour acheter du pain et des armes. Cette grande époque est restée vivante dans la mémoire des Vénitiens, ils en parlent dans leurs épanchements intimes avec un légitime enthousiasme; elle est pour eux plus qu'un souvenir, elle est une espérance.

Ils crurent en 1859 toucher enfin au but de leurs ardentes aspirations. L'entrée en campagne de la France et la proclamation qui promettait à l'Italie sa liberté exaltèrent tous les esprits. Quand la flotte française fut arrivée dans les eaux de Venise, la ville fut saisie d'une immense joie; elle eut la certitude que le dernier jour de la domination autrichienne était venue. Les Vénitiens passaient de longues heures sur les toits élevés de leurs maisons. De ces belvédères, d'où leurs ancêtres voyaient venir autrefois les vaisseaux qui ramenaient les richesses de l'Asie, ou les amiraux vainqueurs des Turcs, ils regardaient s'il se faisait un mouvement dans la flotte, et s'ils approchaient du rivage ces navires qui portaient pour cargaison bénie la liberté, l'honneur et la vie d'un peuple. Des correspondances mystérieuses s'étaient établies entre les marins et les habitants, et l'on faisait circuler dans la ville les paroles supposées ou réelles des officiers et des soldats.

Un jour, le bruit se répand que les Français doivent débarquer le lendemain sur la rive des Esclavons; ils ont assuré qu'ils feront sur la place Saint-Marc la promenade du soir. Tous les cœurs battent à la fois et tous les bras sont prêts au combat; des hommes énergiques ont préparé une révolte générale, et une insurrection populaire appuiera l'attaque extérieure. Mais bientôt court une rumeur sinistre : la guerre est terminée et Venise reste autrichienne. La population ne veut pas croire à une nouvelle aussi terrible, elle se précipite à la Piazzetta et au quai des Esclavons, et elle voit avec terreur la flotte appareiller et partir. Des plus hauts sommets de l'enthousiasme les Vénitiens tombèrent dans un abîme de désespoir; leurs angoisses furent affreuses, semblables à celles éprouvées par un condamné que la grâce d'un souverain arrêterait sur la voie du supplice et qu'un sort impitoyable renverrait à la mort. La destinée a des jeux cruels : les deux villes héroïques qui ont combattu les dernières, quand l'Italie était vaincue, sont les seules sur lesquelles ne flotte pas encore le drapeau italien.

La paix de Villafranca, en frappant Venise dans ses plus légitimes espérances, a porté un coup mortel à ses intérêts agricoles et commerciaux; elle a rompu les affinités nationales qui l'unissaient à la Lombardie, et a détruit les relations qui existaient entre les deux provinces. La Vénétie, resserrée entre les montagnes, la mer et ses nouvelles frontières, ne peut donner nulle expansion à son industrie, et elle est obligée de payer des droits qui la ruinent quand elle veut exporter ses produits agricoles et importer des denrées qui n'avaient autrefois aucune ligne de douane à franchir. La paix armée qui règne entre l'Italie et l'Autriche est une entrave constante pour les transactions, et arrête ou gêne les ventes de grains et de soies que les Vénitiens expédiaient jadis à Milan. La dernière guerre a eu pour le pays qu'elle n'a pas délivré un résultat bien dur, elle a aggravé une misère qui semblait ne pouvoir devenir plus grande. Dans cette situation déplorable, un peuple que n'eût pas soutenu le sentiment de l'honneur et l'amour de sa nationalité, aurait pu, abandonné par tous, s'abandonner lui-même et se jeter éperdu entre les bras de vainqueurs dont les chaînes ne pouvaient être brisées. Venise a eu des pensées plus hautes ; elle consent à mourir, mais elle ne veut pas se soumettre ; elle se complaît dans la douleur et le deuil, et ne cherche aucun adoucissement à ses maux ; Rachel des nations, elle ne veut pas être consolée, parce que sa liberté n'est plus.

La population est sombre, elle vit à l'écart, loin des distractions et des plaisirs ; elle laisse à ses maîtres les lieux de réunion et de fête, et évite tout contact avec l'étranger. Les Autrichiens ont la puissance matérielle, le gouvernement extérieur ; ils possèdent la ville de pierre, mais ils n'exercent aucune influence sur les âmes : la force seule leur assure une passive obéissance. La direction des esprits appartient à quelques hommes inconnus qui, sous le nom de comité national, forment le seul pouvoir reconnu par les Vénitiens. Les noms des citoyens généreux qui le composent, les lieux où se tiennent les réunions, les moyens employés pour communiquer avec le public et l'Italie libre, sont des mystères que ne peuvent découvrir les recherches intimes d'une police nombreuse et habile. Une conspiration tacite et générale protége le comité, il est sous la garde de l'amour et de l'honneur de tous, et, comme à Rome et à Varsovie, le mépris public flétrirait l'homme qui livrerait à l'autorité régnante le secret d'une organisation que le hasard ou une imprudence lui aurait laissé découvrir. Le gouvernement occulte est obéi avec un patriotique empressement, et le moindre de ses désirs est un ordre.

Il fête à sa manière toutes les grandes dates de la régénération nationale, et ne laisse jamais venir, sans les honorer, des anniversaires comme ceux de la révolte de Venise en 1848, de la bataille de Solferino, de l'entrée de Garibaldi à Naples, ou de la proclamation de Victor-Emmanuel, roi d'Italie. La fête du Statut qui vient d'être célébrée dans toute la Péninsule, ne pouvait passer inaperçue, et le comité devait, par un acte, s'associer aux joies de la patrie commune. Mais une manifestation n'était pas facile ; toute la police était sur pied, gardant les places et les rues et espérant s'emparer enfin de quelques émissaires des hommes mystérieux qui commandent partout et ne sont vus nulle part. La journée s'était écoulée sans aucune émotion, la nuit était venue, et la police croyait déjà le comité dispersé ou découragé quand éclatèrent dans tous les quartiers de la ville, avec un bruit formidable, des bombes qui montrèrent à l'Autriche que le jour anniversaire de la constitution nationale n'avait pas été oublié. Venise avait éclairé de feux rapides et sinistres les pavés de ses rues, en attendant qu'elle pût faire briller de longues et joyeuses illuminations sur les façades de ses palais.

Le comité varie les manifestations suivant les circonstances et les temps. Il demande un jour qu'une promenade soit faite dans un lieu désert : une foule nombreuse accourt ; un autre, que la place Saint-Marc soit abandonnée : elle n'a pas un promeneur ; parfois il distribue des vivres et de l'argent aux pauvres, fait éclater des bombes ou s'envoler dans les airs des ballons aux couleurs nationales. Son but constant est de maintenir vivants dans les cœurs l'amour de la patrie et la haine de l'étranger. Quand viennent les fêtes officielles de l'empire, c'est par une solitude de mort que Venise célèbre les solennités autrichiennes : la ville paraît abandonnée, les habitants s'enferment dans leurs maisons et attendent, pour en sortir. que les revues soient terminées, les lampions éteints, et que la brise marine ait chassé du côté de Vienne la fumée des canons et des feux d'artifices. Un grand écrivain que d'habitude l'art émeut plus que la politique. a fait de l'aspect funèbre de Venise, un jour de fête impériale, une description que ne sauraient assez lire ceux qui voient la résignation dans le silence. Après avoir montré les places et les rues désertes, raconté les pompes et les fracas officiels, l'auteur d'*Italia* s'écrie :

..... « Venise, dépeuplée subitement, ressem-
» blait à ces villes orientales des contes arabes.
» ravagées par la colère d'un magicien.

» Ce vacarme dans ce silence, cette agitation
» dans ce vide, cet immense déploiement de forces
» dans cet isolement avaient quelque chose d'é-
» trange, de pénible, d'alarmant, de surnaturel. Ce
» peuple qui faisait le mort, tandis que ses oppres-
» seurs exaltaient de joie, cette ville qui se sup-
» primait pour ne pas assister à ce triomphe, nous
» firent une impression profonde et singulière. Le
» *non-être* élevé à l'état de manifestation, le mu-
» tisme changé en menace, l'absence ayant signi-
» fication de révolte, sont une de ces ressources du
» désespoir où le despotisme pousse l'esclavage.
» Assurément une huée universelle, un cri général
» de malédiction contre l'empereur d'Autriche n'eût
» pas été plus énergique.

» Ne pouvant protester autrement, Venise avait
» fait le vide autour de la fête et placé la solennité
» sur une machine pneumatique.

..... » Le soir, il n'y avait personne au café
» Florian ! Ceux qui ont habité Venise peuvent seuls
» se faire une idée de la signification immense de
» ce petit fait. Les marchands de bouquets, les

» vendeurs de caramel, les ténors, les montreurs
» d'ombres chinoises et même les ruffians avaient
» disparu. Personne sur les chaises, personne sur
» les bancs, personne sous les galeries, personne
» même à l'église, comme s'il était inutile de prier
» un Dieu qui laisse un peuple dans l'oppression.
» Nous ne savons même si, ce soir-là, on alluma
» les petits cierges aux madones des carre-
» fours (c). »

Le comité national n'a besoin d'aucune contrainte pour obtenir ces immenses manifestations, révoltes silencieuses que la force ne peut atteindre. Il suit l'opinion publique plus qu'il ne la guide, et son grand art est de la comprendre. La population montre dans les petites solennités comme dans les grandes sa répulsion pour les Autrichiens. Les concerts excellents que donne, les dimanches, sur la place Saint-Marc, la garnison n'ont pas de Vénitiens parmi leurs auditeurs. La musique, cette passion nationale, ne peut vaincre les répugnances patriotiques. Les Italiens quittent Saint-Marc quand sonne l'heure où les soldats allemands viennent, avec un art parfait, jouer les morceaux les plus populaires de Verdi et les airs les plus inspirés de Weber et de Mozart.

La photographie, qui ne pare ni ne déguise la vérité, donne une preuve incontestable du vide qui se fait autour des hommes du Nord. Une image, dite instantanée, représente la place Saint-Marc un jour de fête : les trois mâts dressés devant la basilique portent le drapeau de l'Autriche, les musiciens sont à leur poste et une foule nombreuse remplit la place ; mais on s'aperçoit avec étonnement que tous les promeneurs sont revêtus de l'habit militaire, on ne voit qu'officiers et soldats. Cet admirable salon de Saint-Marc ressemble à la cour d'une caserne. La place, tous les jours de fête, aux heures où résonne la musique autrichienne, ne contient pas les habitants de la ville, mais une garnison.

Quelques groupes viennent, quand les mélodies allemandes ont cessé, jouir du plaisir de la conversation et de la promenade : mais Saint-Marc ne voit plus les foules élégantes et joyeuses qui l'animaient autrefois ; si la place prend un air de vie inaccoutumé, et si elle est fréquentée par une population trop nombreuse, une détonation inoffensive éclate et avertit les Vénitiens qu'ils ne doivent pas montrer de visages satisfaits dans des lieux qu'ombrage le drapeau ennemi. Les réceptions ont cessé et les maisons encore habitées sont aussi tristes que les palais déserts. Si, par hasard, une famille voulait mener la vie ordinaire du monde, donner des soirées et des fêtes, un avis anonyme la prierait de songer au deuil de la patrie et de ne pas se réjouir dans une ville qui pleure sa liberté. Les salles d'Opéra sont fermées, la Fénice n'a pas été ouverte depuis trois ans, et le petit théâtre de San Benedetto, où avait paru une troupe de chant, a été obligé de suspendre ses représentations : une bombe a éclaté dans le parterre, à la troisième soirée, et la police a ordonné la clôture de la salle.

Les Vénitiens se sont interdit les distractions les plus innocentes, les gens du peuple ne chantent plus sur les canaux et dans les rues les airs gracieux qu'ils aimaient à redire autrefois ; il ne sort des maisons aucun bruit d'instrument, et les femmes qui veulent jouer du piano et faire de la musique s'enferment avec soin chez elles. Il ne doit plus s'élever un son qui ressemble à un cri de joie dans la ville que le Croate garde. La société vénitienne se livrait pendant la saison chaude à un plaisir poétique et charmant, qu'on appelait le *fresco*, il a disparu. Une barque pleine de musiciens remontait, le soir, le grand canal ; des gondoles découvertes la suivaient en grand nombre, et les promeneurs jouissaient à la fois, sous les tièdes fraîcheurs des belles nuits italiennes, des plaisirs que donnent le mouvement et le repos, la musique et la rêverie. Le concert errant à travers les vieux palais du grand canal ne se fait plus entendre. Les flots comme la terre doivent être silencieux dans la reine des mers asservie.

L'immense tristesse qui plane sur Venise n'est pas un sentiment éphémère, elle est profonde et durera aussi longtemps que la servitude. Les hommes n'ont pas dans la ville opprimée le privilège du patriotisme : l'amour du pays est dans le cœur de tous, et les femmes italiennes le ressentent à l'égal de leurs maris et de leurs frères. Elles se sont dévouées avec une généreuse ardeur à la cause nationale, dans la guerre des manifestations et des complots, elles n'ont pas été les ennemies les moins intrépides de l'étranger, elles ont porté les premières les trois couleurs insurrectionnelles, et elles les ont montrées dans les promenades et les salles de spectacle. Il en est, en 1848, qui, affrontant les plus grands dangers, ont traversé les armées autrichiennes, et porté au loin avec un courage viril et une adresse féminine des dépêches et des mots d'ordre dont les hommes les plus braves hésitaient à se charger. A Milan et à Venise, pendant la révolte et le siége, elles encourageaient les combattants et soignaient dans les hôpitaux les malades et les blessés. A Venise, aujourd'hui, les plus riches et les plus belles s'associent à la misère commune, et, sans se plaindre, sacrifient tous les plaisirs que donnent la fortune et la jeunesse. Elles prennent part aux manifestations publiques, et ne sont pas étrangères aux efforts qui sont tentés pour délivrer la patrie. Plusieurs, dit-on, subissent en ce moment, dans les prisons de la ville, la peine glorieuse du dévouement qu'elles ont montré à leur pays.

Comme les hommes, plus qu'eux encore, les Vénitiennes fuient l'approche des étrangers. Les Autrichiens ne sont pas admis dans une maison honnête: la femme qui recevrait dans l'intimité un officier allemand, serait déshonorée, et verrait la honte faire le vide autour d'elle. Il ne doit naître ni amitié ni amour entre les races ennemies. A Venise, où les fiancés sont rares, les jeunes filles n'ont jamais un regard pour les beaux officiers qu promènent dans la ville leurs brillants uniformes. Les mariages entre Autrichiens et Italiennes sont regardés comme des noces sacriléges; ils ont été flétris avec une sanglante énergie par un grand poëte, et une femme ne veut pas qu'on puisse lui jeter au visage les vers dont Berchet flagelle l'Italienne qui a épousé un ennemi :

> Maladetta che d'italo amplesso
> Il soldato tedesco beato.

« Maudite soit, dit-il, celle qui d'un baiser italien a rendu heureux le soldat tudesque. »

La répulsion universelle qu'inspire l'occupation allemande ne doit laisser aux hommes d'État de Vienne aucun espoir d'assimiler la Vénétie à l'empire des Hapsbourg. Les illusions que nourrissaient les diplomates de 1815 ne sont pas permises aux ennemis les plus aveugles de l'indépendance des peuples. La fusion des races, que n'a pas faite un gouvernement tout-puissant dans la Péninsule, ne peut être sérieusement tentée par des maîtres qui, dans leurs possessions amoindries, ont perdu toute influence morale. Venise n'a pas désespéré aux époques les plus sombres des réactions absolutistes, elle ne se livrera pas quand elle voit à l'horizon flotter le drapeau de l'Italie délivrée. Les peuples, et c'est l'honneur de ce siècle, ne veulent plus vivre sous la domination étrangère. Le sentiment de la dignité est entré dans la conscience de tous, et les nations comme les individus rougissent de la servitude ; elles sentent une honte salutaire à se courber sous le joug que la force impose, et en le subissant elles n'ont d'autres pensées que celles de la vengeance. Venise éprouve plus qu'aucune terre opprimée le dégoût de ses maîtres ; elle ne veut pas vivre autrichienne, elle attend que l'Italie nouvelle soit assez forte pour la secourir ; si la délivrance était trop lente à venir, la triste victime mourrait à la peine, et ne laisserait à l'aigle aux deux têtes à dévorer qu'un cadavre.

Les Autrichiens eux-mêmes paraissent frappés de l'aspect lamentable d'un pays qu'ils peuvent posséder et torturer, et qu'ils sont impuissants à faire vivre: ils l'occupent avec froideur et force, comme on détient un gage; mais ils ne montrent pas cet orgueil brutal du conquérant, cet enthousiasme farouche du vainqueur qu'ils affectaient autrefois, quand ils croyaient à l'éternité de l'oppression ; geôliers de Venise, ils ont l'aspect morne et sombre d'hommes qui accomplissent une triste consigne, et ils partagent la misérable vie des prisonniers qu'ils gardent. Les maîtres sont rivés à la chaîne dont ils écrasent les vaincus.

Les rigueurs fiscales, compagnes ordinaires de la servitude, sont appliquées sans pitié en Vénétie. Le gouvernement de Vienne comprend que la province italienne ne peut rester de longues années entre ses mains, et il dépouille, avant de la perdre, la proie riche encore qu'il possède. Il occupe en usufruitier dilapidateur les territoires que lui a laissés le traité de Villafranca ; il a frappé d'impôts énormes les propriétés immobilières, et le fisc perçoit le tiers du produit des terres ; une taxe d'un septième du revenu est établie sur les fortunes mobilières et industrielles ; ces fortunes ayant sensiblement diminué depuis plusieurs années, l'administration prend pour base de ses évaluations les années de bien-être, et l'impôt du septième monte au moins au cinquième. Les sommes considérables arrachées à la Vénétie sont envoyées à Vienne ; il n'en est pas dépensé la moindre partie pour le malheureux pays qui les paye. Les travaux publics sont supprimés ; les monuments sont médiocrement entretenus, et les palais où le gouvernement a établi des bureaux pour ses administrations ou des casernes pour ses soldats sont laissés dans un coupable abandon.

Des édifices menacent ruine de toute part à Mantoue, à Vérone, à Venise ; l'État ne fait rien pour les conserver. Il n'y a d'argent que pour réparer ou construire des forteresses. Il a entouré Venise de redoutes, mais il ne consacre aucun effort à rappeler le commerce et la vie dans le port qui fut jadis un des premiers du monde. Tous les avantages dont un gouvernement dispose sont pour Trieste : toutes les entreprises qu'il peut susciter sont établies dans la ville rivale que l'Autriche espère bien conserver toujours. Venise, privée de tout appui, a vu diminuer dans des proportions énormes son trafic, et la mer qui l'avait enrichie achève aujourd'hui sa ruine. Vienne laisse s'éteindre sans regret une ville dont ses bienfaits ne peuvent attirer l'amour et ses iniquités augmenter la haine.

L'Autriche n'ignore pas combien est précaire la domination qu'elle exerce sur Venise. Elle doit opprimer toute l'Italie ou abandonner la cité des doges ; mais son intérêt autant que son orgueil la pousse à ne pas laisser la force lui enlever sa dernière possession italienne. Le principe des nationalités renversera partout les frontières factices ; quand le droit nouveau accomplira son œuvre, les Autrichiens pourront, si leurs armées campent encore dans la Péninsule, demander aux futurs congrès de larges compensations territoriales et pécuniaires, en cédant sans combat à l'Italie l'importante province qu'ils occupent. Une révolte qui, comme en 1848, les chasserait de la Vénétie, leur ferait perdre le gage qu'ils ont entre les mains, et leur ôterait toute espérance d'obtenir des territoires qu'ils convoitent et des millions que rendrait précieux la situation déplorable des finances de l'empire. Tous les efforts sont employés pour rendre inexpugnable le quadrilatère : le génie militaire ajoute de nouvelles fortifications aux anciennes, et les places de guerre renferment de nombreuses garnisons.

Venise, que ses lagunes protègent contre une attaque extérieure, a été mise en garde contre une révolte populaire. Des bastions flottants ont été établis sur les canaux, et des batteries de canons sont dressées dans la ville et dans les îles qui sont près d'elle. Devant la rive des Esclavons est une redoute basse crénelée, qui pourrait foudroyer plusieurs quartiers; dans l'île de Saint-Georges se trouve une forte batterie; les canons font face à la Piazzetta, et les boulets qu'ils lanceraient, traversant la place Saint-Marc, iraient s'abattre dans la rue de la Merceria, la plus riche et la plus peuplée de Venise. Quelques heures de bombardement exécuté des points fortifiés qui sont dans la ville ou la touchent, suffiraient pour détruire des monuments uniques au monde et les chefs-d'œuvre de tous les temps qu'ils contiennent. Les canons de la rive des Esclavons et de Saint-Georges auraient en peu d'instants brisé les colonnes du palais ducal dont la masse s'affaisserait tout entière dans une ruine où se confondraient les marbres les plus beaux et les toiles des Titien, des Palma et des Véronèse. La vieille bibliothèque de Sansovino serait renversée, l'admirable église Saint-Marc, ses mosaïques et ses cinq cents colonnes antiques seraient réduites en poussière. Tout ce merveilleux rêve oriental qu'ont sculpté en marbre blanc et rose les Vénitiens d'autrefois, et qu'on nomme la Piazzetta et la place Saint-Marc, disparaîtrait à jamais emporté dans une tempête de fer et de feu.

Les Vandales auraient peut-être reculé devant la destruction d'œuvres aussi belles, les Autrichiens l'accompliraient sans faiblesse sentimentale : ils ne sont pas accoutumés à s'en tenir aux menaces, et chez eux les faits dépassent les paroles. Les canons de la Piazzetta, des Esclavons et de Saint-Georges ne sont pas de vains épouvantails; l'artilleur qui monte derrière eux la garde n'attend qu'un ordre pour mettre le feu à ses pièces; l'ordre sera donné si une émeute éclate. Les Vénitiens aiment assez la liberté pour offrir leur ville en holocauste, et les compatriotes des Radeski et des Haynau sont hommes à ne pas refuser le rôle de sacrificateurs. Les horreurs commises en 1848 à Brescia, où des quartiers ont été détruits, des femmes coupées en morceaux et des hommes vivants enduits de térébenthine et brûlés, montrent ce qu'ont su et savent faire les hordes croates. Devant ces terribles perspectives de ruines et de massacres, on voudrait espérer que les diplomates qui ont parfois déployé de si grandes ressources d'esprit pour enchaîner les peuples libres, n'auront pas une intelligence moins féconde pour délivrer une noble ville opprimée.

Les craintes d'une catastrophe, les appareils de guerre, la mort lente et volontaire d'un peuple chassent de Venise tous ceux à qui leur fortune permet de vivre ailleurs. Les étrangers qu'attirait autrefois en grand nombre une ville où la vie était aimable et facile, s'éloignent d'un pays qui ne leur offre ni distractions ni fêtes, et les jeunes Italiens de toutes les conditions, riches et pauvres, vont dans la patrie libre chercher une existence honorée; ils fuient une terre où ne trouvent aucun emploi le travail et l'intelligence, d'où le commerce et l'industrie ont disparu; ils émigrent pour se soustraire à une conscription qui leur est odieuse. Ils ne veulent pas partir pour la terre allemande, comme le fils de la malheureuse mère qu'a chantée le poëte,

.... Vergognato,
Al cenno insolente d'estranio soldato
Con l'aquila in fronte.

« honteux, à l'ordre insolent d'un soldat étranger avec l'aigle au front. » On est surpris du petit nombre de jeunes gens qu'on rencontre dans la ville, tous ceux qui ont pu la quitter ont franchi la frontière. Venise a perdu son printemps, la ville la plus joyeuse de l'Italie en est aujourd'hui la plus sombre. *Povera Venezia!* disent ses habitants chaque fois qu'ils en parlent. Ils ne sont pas cependant, par nature, enclins aux idées mélancoliques: les Vénitiens sont d'un caractère aimable et gai, ils aiment les plaisirs, les spectacles et les fêtes, et la situation de leur pays les en tient seule éloignés.

La population est élégante et gracieuse: les hommes

ont la physionomie intelligente et fine, et les femmes ont conservé dans tout son éclat le beau type qu'ont immortalisé les grands peintres de l'École vénitienne ; elles sont blondes en général, elles ont de beaux yeux noirs au regard doux et clair, et ce teint d'une chaude blancheur qu'a si bien peint Véronèse. Les jeunes filles se coiffent avec un art charmant : autour de leur front, leurs beaux et opulents cheveux sont relevés en diadème ; elles se promènent par groupe de deux ou trois, la tête nue d'habitude, ou parées d'un léger voile noir. Elles sont la grâce de Venise, mais elles ne peuvent faire oublier son aspect désolé. L'impression dernière que laisse la reine déchue à l'étranger qui la quitte, est celle d'une immense tristesse.

Les hommes qui la gouvernent ont adouci leurs anciennes rigueurs cependant, ils lui offrent même des libertés et une constitution : mais les Vénitiens, dont l'implacable tyrannie de Vienne n'a pas lassé la constance, qui n'ont pas fléchi devant les spoliations, la mort et l'exil, et devant toutes les cruelles iniquités d'un long état de siége, ne se laissent ni séduire ni émouvoir par les promesses autrichiennes ; ils ne veulent rien accepter de l'étranger, et repoussent des dons qui leur enlèveraient leur nationalité. Aux avances et aux offres qui leur sont faites, ils répondent par l'inertie et le silence, ils refusent toute faveur venant de leurs maîtres, ils ne leur adressent qu'une demande que n'entendent pas de plein gré les vainqueurs, celle de quitter le sol de la patrie. Venise veut rester digne de l'indépendance et conserver ses haines généreuses. Quand viendra pour elle le jour longuement désiré, mais non vainement attendu de la justice, elle tendra à l'Italie une main défaillante peut-être, mais pure et héroïque.

LETTRE VINGT-TROISIÈME.

—

Milan, juin 1863.

Les voyages qui, dans le midi et le centre de l'Italie, s'accomplissent souvent avec lenteur, se font dans toute la partie septentrionale de la Péninsule avec la plus grande rapidité. Des chemins de fer nombreux et bien exécutés relient ensemble toutes les villes de quelque importance, et l'on peut, sans quitter les rails, aller de Venise à Milan, Gênes et Turin, parcourir l'Italie de l'Adriatique à la Méditerranée dans sa plus grande largeur et atteindre le pied des Alpes. Le voyage n'est ni plus facile ni plus prompt dans les parties les plus favorisées de la Belgique et de la France. Ces bienfaits des temps nouveaux permettent de voir vite et bien les provinces de l'ancien royaume lombard-vénitien et celles du Piémont.

Un viaduc construit sur les lagunes joint Venise à la terre ferme : c'est une route jetée sur la mer, et la locomotive, en s'éloignant de la cité des doges, paraît glisser sur les flots. Elle s'arrête bientôt, et l'on voit à l'horizon Padoue, qui présente avec les dômes arrondis de ses églises un aspect oriental. Riche et bien peuplée autrefois, elle est déserte et morte aujourd'hui. Ses grandeurs ont disparu, et des souvenirs glorieux de son histoire reste seule la renommée de son patron célèbre, saint Antoine le thaumaturge, qui jouit dans le pays vénitien du même crédit que saint Janvier à Naples. Un auteur de mémoires prétend que dans le bon temps il ne faisait pas moins de trente miracles par jour. Le nombre des prodiges a sensiblement diminué, mais des gens bien informés assurent qu'il s'en fait encore une quantité très-respectable. On rencontre dans les rues des hommes qui quêtent pour l'image de saint Antoine *tanto miracolosa*.

A deux heures de Padoue se présente Vérone, dont les Autrichiens ont fait une formidable place de guerre. On ne voit autour de la ville et sur les montagnes qui la dominent que murailles et forteresses. Elle forme un vaste camp retranché où peuvent manœuvrer des armées. Elle a conservé d'une manière remarquable le caractère du moyen âge ; les arcades ogivales, les fenêtres à trèfles, les rues sombres rappellent les temps où régnaient ces princes barbares qui, pendant trois générations, à leur nom de la Scala ajoutèrent comme dénomination gracieuse le titre de *Can Grande* (grand chien). Dante a été l'hôte d'un de ces princes, et l'on croit que c'est son séjour dans le palais des della Scala, où n'existait pas sans doute un grand respect du malheur, qui lui a inspiré ces vers connus de tous les proscrits :

> Tu proverai si come sa di sale,
> Il pane altrui e com'è duro calle,
> Losendere e'l salir per l'altrui scale.

« Tu sentiras combien est amer le pain de l'étranger, et combien il est dur de monter et descendre l'escalier d'autrui. » Dans cet admirable tercet, Dante, résumant les tristesses de l'exil, exprime une plainte générale; il n'a pas, comme le pense un écrivain moderne, mis dans le dernier vers une allusion aux armes et au nom de ses hôtes les Scaliger. L'homme qui disait les vérités les plus dures à ses ennemis et à ses amis, et qui n'a pas craint de jeter dans les cercles de son enfer les papes et les rois, n'a pas caché une vengeance sans dignité dans un jeu de mots équivoque. Le noble caractère du poëte et le génie de la langue italienne repoussent également l'interprétation du commentateur.

Peu de temps après Vérone, on entre sur la terre

libre italienne; la première ville indépendante que l'on rencontre est Brescia. Grande et bien bâtie, elle a la forme d'un quadrilatère. Elle est habitée par une population brave et généreuse qui a toujours énergiquement protesté contre la domination étrangère. En 1848, elle lutta avec le plus grand courage contre le général Haynau, et elle aima mieux faire écraser la ville sous les bombes autrichiennes que de la livrer sans défense. Les hommes, pendant le siége, combattirent comme des héros, et les femmes comme des hommes. Elles avaient la garde d'une porte, et ce n'est pas par elle qu'entrèrent les soldats ennemis; elles se montrèrent les dignes descendants de ces femmes de Brescia qui, armées de lances, repoussèrent bravement, dans le xve siècle, l'assaut donné à leur ville par un des plus redoutables aventuriers de l'époque. L'Italie ne peut avoir à sa frontière une sentinelle plus ferme que cette ville héroïque.

Trois heures séparent Brescia de Milan. De larges rues, des places nombreuses, de grandes promenades ombragées de beaux arbres donnent à l'ancienne cité des Visconti l'aspect d'une capitale importante. Elle n'a pas la physionomie italienne, et on croit, en la parcourant, voir une riche ville française. Cette apparence étrangère avait autrefois frappé Montaigne; il trouvait « que Milan ressemblait assez à Paris et avait beaucoup de rapport avec les villes de France. » La seconde partie de la phrase du philosophe est restée vraie, la première serait aujourd'hui assez hasardée. Les annexions et les embellissements qu'a subis Paris depuis une dizaine d'années, ont détruit l'exactitude d'une comparaison qu'étaient venus confirmer deux monuments nés d'une pensée commune et édifiés vers la même époque à l'entrée la plus belle des deux capitales.

A l'une des extrémités de Milan se dresse, comme au bout de l'avenue des Champs-Élysées, une vaste porte triomphale; elle a partagé les vicissitudes politiques de l'Italie pendant le XIXe siècle, et elle montre que les monuments ont aussi leurs destinées. Les fondations en furent jetées par les Français en 1807; elle devait s'appeler l'Arc du Simplon et célébrer, sur le sol lombard, des victoires qui n'étaient pas italiennes. Restée inachevée en 1815, elle fut terminée par les Autrichiens, et le monument destiné à dire les grandeurs de l'épopée napoléonienne ne raconta que ses défaites. Des bas-reliefs et des inscriptions rappelèrent la bataille de Leipsick, l'occupation de Lyon, l'entrée des souverains alliés à Paris, et le congrès de Vienne; une statue de la Victoire portée dans un char traîné par six chevaux couronna l'édifice. La porte du Simplon cessa bientôt d'être un emblème guerrier; l'empereur François Ier d'Autriche la consacra à exalter les bienfaits des traités imposés par la Sainte-Alliance, et l'inaugura en 1838 sous le nom d'Arc de la Paix.

Une inscription latine exalta le bonheur des Italiens soumis à l'Autriche et la paternelle magnanimité du prince, et la statue de la Victoire céda sa place à l'image de la Paix. La figure allégorique a vu passer sous la voûte qui la porte les bataillons vainqueurs à Magenta et à Solferino ; les Milanais l'ont laissée sur son char, ils se sont contentés d'effacer les paroles qui insultaient à leurs sentiments patriotiques, et ils ont remplacé le latin de l'Autriche par deux inscriptions italiennes. L'une d'elles est ainsi conçue :

Intrando colle arme glorioze
Napoleone III e Vittorio-Emmanuele II liberatori,
Milano esultante cancello da questi marmi
Le impronte servili
Per scrivere l'independenza d'Italia
1859.

« Quand entrèrent, avec leurs armées glorieuses, Napoléon III et Victor-Emmanuel II, libérateurs, Milan, tressaillant de joie, effaça de ces marbres les empreintes serviles et y écrivit l'indépendance de l'Italie, 1859. »

Puissent ces paroles sorties frémissantes du cœur d'un peuple délivré, être les dernières inscrites au front du monument.

L'Arc de la Paix produit dans son ensemble un bel effet, mais la véritable curiosité architecturale de Milan est le dôme de la cathédrale ; il en est la merveille. Le dôme est une montagne de marbre blanc ciselé comme un bijou; de la base au sommet, il est taillé, sculpté, dentelé avec un soin et un art infinis. Sur le toit se dressent des clochetons sans nombre et de hautes flèches portant dans le ciel des statues de saints et d'anges. Le monument est couvert de figures sculptées et ses parties les plus invisibles en sont ornées. Il renferme tout un peuple de marbre; il n'est pas un personnage de la légende sacrée ou du calendrier qui n'y ait son image. L'impression que fait l'édifice sur l'esprit du spectateur est grande, mais elle tient plus de l'étonnement que de l'émotion : le style gothique de la cathédrale italienne n'a pas le mystère et l'élan religieux des vieilles églises de la France et de l'Allemagne.

Le dôme est situé sur une place étroite qu'entourent des rues larges et passantes. Il forme le centre d'activité de la ville, et près de lui s'étend un quartier industriel et riche. Le mouvement et la vie remplissent Milan ; la foule circule de toute part, et sur des bandes d'allées courent comme sur des rails de nombreuses voitures élégantes et rapides. La population est satisfaite et heureuse; elle ressent une joie profonde d'avoir échappé au joug que l'Autriche faisait peser sur elle. Les Milanais délivrés sont comme des prisonniers à qui une longue servitude aurait appris à comprendre les douceurs de la liberté. Leur animation et leur gaieté frappent le voyageur qui les a vus autrefois sombres et méfiants, et l'étranger qui revient de Venise où un voile de deuil couvre tous les visages.

Les conversations des Lombards révèlent comme leur aspect extérieur leur situation nouvelle ; ils parlent des affaires de l'État sans crainte du sbire et de la prison, et ils traitent avec effusion et abondance dans les cercles et les lieux publics les questions politiques graves ou légères. Une presse ardente donne le ton aux discoureurs et offre un aliment quotidien aux discussions et aux polémiques. Les journaux abondent à Milan comme dans toutes les villes italiennes, des enfants les vendent dans les rues et les cafés, et vont annonçant chaque jour aux acheteurs les nouvelles les plus importantes. Le prix ordinaire des feuilles publiques est d'un sou. La presse jouit d'une liberté complète ; elle n'est entravée ni par les mesures préventives, ni par les lois fiscales. Tout Italien qui croit avoir des idées utiles à communiquer à ses compatriotes, peut fonder un journal, il n'a ni cautionnement ni timbre à payer, il écrit sans craindre les avertissements administratifs, et il ne répond que devant la justice de son pays des fautes qu'il peut commettre. Les procès de presse sont fort rares ; le gouvernement, qui a trouvé sa force dans la liberté, la respecte jusque dans ses écarts, et il laisse l'opinion publique juge presque absolu de la pensée des écrivains. Le bon sens italien se montre digne de cette confiance : les journaux qu'anime une hostilité systématique ne trouvent pas d'abonnés : ils vivent quelques semaines, et s'éteignent bientôt victimes de la mauvaise foi de leurs rédacteurs.

Le crayon jouit dans la Péninsule des mêmes priviléges que la plume. De petites feuilles satiriques paraissent dans toutes les villes de quelque importance : elles publient chaque matin des caricatures qui racontent à leur manière une page de l'histoire contemporaine. Ces dessins, bien faits parfois, médiocres souvent, mais toujours expressifs, résument sous une forme accessible à toutes les intelligences une question d'intérêt local, ou une question politique, et ils produisent une impression profonde sur les esprits. Les hommes d'État de tous les pays sont les tributaires des satiriques du crayon.

Le sujet qui exerce le plus leur verve et leur colère est cette cruelle question romaine qui passionne, plus qu'on ne veut le croire en France, toutes les têtes italiennes ; il ne se passe pas de jour où un dessin ne la commente et ne montre sous une apparence sensible la plaie saignante au flanc de l'Italie. Le pouvoir temporel est attaqué avec une constance patriotique qu'encouragent et soutiennent d'unanimes applaudissements. Toute figure allégorique qui le bat en brèche, est regardée avec passion par la foule. La nation entière est irritée au degré suprême de l'obstacle que met à sa constitution définitive un prince que soutient seule une armée étrangère; le mécontentement, grand dans le midi et le centre de la Péninsule, croit peut-être encore en intensité dans le nord, et il se manifeste à Milan avec une énergie qui touche parfois à la violence. Au milieu des attaques que subit le roi de Rome, il n'est pas certain que le pontife ne reçoive aucune atteinte. Les défenseurs du saint-siége porteront seuls la responsabilité d'une confusion dont ils ont donné le premier exemple; en unissant par des liens indissolubles deux principes d'origine différente, ils ne sauveront pas un pouvoir temporel frappé de mort, et ils ont affaibli une puissance morale que personne ne songeait à combattre.

L'organisation militaire occupe une grande place dans les préoccupations nationales. Les Italiens voient avec raison dans leur jeune armée la meilleure garantie de leur complète indépendance, et ils ne reculent devant aucun sacrifice pour la rendre nombreuse et forte. Milan possède une garnison importante, et les divers corps qui la composent permettent d'apprécier la belle tenue et la tournure martiale des soldats italiens. La fatigue ne leur est pas épargnée, et on les voit à chaque instant aller à la manœuvre ou en revenir. A côté de la troupe de ligne solide et ferme passent des trains d'une excellente artillerie et de vigoureux cavaliers. Le clairon résonne et, comme une trombe guerrière, s'élancent des jeunes gens alertes, au chapeau empanaché, au costume élégant et simple; on les aperçoit à peine qu'ils ont déjà disparu : ce sont les *bersaglieri;* ils marchent toujours au pas gymnastique, et forment un corps d'élite dont le renom de bravoure et d'audace est grand et mérité. Les chasseurs de Vincennes ont été créés sur leur modèle.

L'Italie a, dans sa belle armée, non-seulement un boulevard contre l'étranger, mais elle y trouve le meilleur moyen de faire l'unité nationale. Quand les soldats, venus du Midi et du Nord, confondus dans leurs régiments et groupés autour du drapeau, auront subi l'épreuve des dangers communs et versé ensemble leur sang pour conserver libres leurs lointaines et diverses provinces, ils se sentiront bien les défenseurs d'une même cause et les fils de la même patrie. Combien cette armée, qui se développe et grandit chaque jour, et qu'émeuvent tous les cris de douleur ou d'espérance qui sont poussés dans le pays, est différente des troupes mercenaires qui, à la fin du moyen âge, remplissaient la Péninsule! Les *condottieri* livraient des combats de parade pour satisfaire à des fantaisies ou à des vanités princières : les soldats italiens sont prêts à exposer leur vie pour assurer l'indépendance de leurs compatriotes. Les uns avaient démoralisé une nation, les autres la créent. L'Italie possède aujourd'hui 350,000 hommes prêts à entrer en campagne; un excellent matériel de guerre, une marine militaire supérieure à celle de l'Autriche, et environ 700,000 gardes nationaux armés; ces forces tiennent ses ennemis en respect et lui permettent de terminer son unité et sa glorieuse révolution.

L'armée est à Milan aimée et fêtée de tous; on voit dans les groupes populaires et dans les réunions du monde les soldats et les officiers, mêlés aux habitants, partager leurs distractions et leurs plaisirs. La troupe et ses chefs puisent les sympathies qui les entourent dans le dévouement qu'ils ne cessent de montrer pour la grandeur et l'indépendance du pays; ils vivent avec lui d'une vie commune et ne s'isolent pas dans un étroit esprit de corps; ils ressentent ses inquiétudes et ses joies, et comme les volontaires de notre grande révolution, ils portent vibrantes en leurs cœurs les passions généreuses dont est agitée la patrie. Ils viennent de donner un témoignage des liens sympathiques qui les unissent aux populations, en partageant avec elles l'émotion douloureuse qu'a causée à Milan et dans toute l'Italie la mort du colonel Nullo.

Négociant à Bergame, Nullo avait quitté son comptoir pour se faire soldat; ancien volontaire de la guerre de l'indépendance, un des Mille de l'expédition de Sicile, il était allé, pendant la trêve des armes qui règne en son pays combattre pour la Pologne. Il est tombé pour ne plus se relever, frappé, dans une rencontre, d'une balle en pleine poitrine. Des services solennels ont été célébrés partout en son honneur ; à Bologne, Cialdini et ses principaux officiers ont assisté à la cérémonie funèbre, et la ville a été reconnaissante de l'hommage rendu par le général d'armée au soldat de deux nobles causes. A Milan il a reçu les mêmes honneurs, et la garnison s'est associée au deuil public. L'Italie a exalté cette mort héroïque ; elle a vu avec une tristesse mêlée de fierté un de ses fils les plus dignes sceller de son sang le pacte de la solidarité des peuples, et acquitter de sa vie une dette contractée par elle envers la malheureuse Pologne sur les champs de bataille de la guerre de l'indépendance. Les journaux ont raconté la généreuse entreprise et la fin glorieuse du colonel Nullo, et de toute part est exposé son portrait : il représente un beau jeune homme à la figure douce et chevaleresque.

Aucune ville italienne ne pouvait mieux que la capitale lombarde comprendre la noble mort de l'enfant de Bergame. Les Milanais ont toujours subi en frémissant la domination étrangère, et ils ont tenté pour l'abattre les plus vigoureux efforts ; révoltés en 1848, ils forcèrent après cinq jours d'une lutte terrible les soldats de Radetzky de sortir de la ville. L'indépendance qu'ils avaient conquise leur fut rapidement enlevée, elle leur apparut comme une aurore ; le jour de la délivrance ne devait se lever que onze ans plus tard. Les Lombards ont pris une grande part à toutes les entreprises qui ont eu pour but de faire l'Italie une et libre, et ils ont largement donné pour elle leur fortune et leur sang. Ils demandent avec l'ardeur d'hommes à qui leurs maux ont appris à compatir aux douleurs des opprimés, la délivrance de la Vénétie et la liberté des Romains.

La vigueur morale des Milanais est empreinte sur leurs mâles visages; ils forment une belle race, intelligente et forte, apte aux travaux de l'esprit et aux fatigues de l'agriculture et de la guerre. Ils n'ont pas l'élégance vénitienne, mais ils paraissent plus énergiques que les fils des lagunes. L'aspect physique des habitants de Milan et de Venise diffère comme leur dialecte: l'un est rude et sévère comme une langue du Nord, l'autre est doux et gracieux comme un gazouillement d'oiseaux.

Milan, dont l'apparence est un peu septentrionale, a possédé une école de peinture d'une grâce et d'une puissance tout italienne. Fondée par le grand Florentin Léonard de Vinci, elle produisit des résultats excellents. Sous l'influence du maître, se formèrent et grandirent des peintres dont le talent, comme celui de Bernardo Luini, touche parfois au génie. L'élève de Léonard a laissé à Milan et dans la Lombardie des tableaux et des fresques d'une perfection telle que plusieurs de ses œuvres sont attribuées au maître dont il reproduit l'expression profonde et les savantes compositions. Le musée de la ville, appelé Brera, du nom du palais où il est établi, contient un grand nombre de peintures curieuses des maîtres de l'école milanaise. On y voit des tableaux remarquables de Cesare da Cesto, de Ferraris et d'autres peintres justement célèbres en Italie, dont les noms sont à peine connus en France.

Luini est représenté au musée Brera par de nombreuses fresques pleines de suavité et de grandeur. Sa sainte Catherine morte, portée au ciel par des anges, a été imitée par plusieurs artistes modernes : c'est une composition charmante, où la rêverie allemande se mêle à la poésie italienne. La fresque de la Vierge et de saint Joseph allant se marier au temple est admirable. « Jamais peinture ne m'a plus étonné, dit excellemment M. Charles Blanc : l'époux est superbe, il est amoureux, il est fier, il est triomphant. La Vierge, qu'il tient par la main, le suit, sans aucune hésitation, pudique, mais entraînée; émue encore, mais déjà éblouie et subjuguée par le plus beau des époux, car Joseph est tout rayonnant de jeunesse et de beauté. Luini est, dans cette fresque, d'une originalité sublime (D). » Le musée renferme une œuvre importante de la première jeunesse de Raphaël : *le Mariage de la Vierge*. L'élève de Pérugin suit encore les traditions du maître ; mais il a déjà le charme et la grâce ineffables qui feront de lui le premier des peintres.

Le palais Brera ne possède du chef de l'École milanaise qu'un tableau inachevé : c'est à l'ancien couvent de Sainte-Marie des Grâces qu'il faut aller voir Léonard de Vinci. Il peignit, dans le réfectoire du couvent, une cène qui fut considérée comme son chef-d'œuvre ; elle est aujourd'hui dans un état déplorable de dégradation. La cène de Léonard a eu tous les malheurs : peinte avec des mélanges d'huiles qui n'avaient pas été éprouvées, elle a promptement perdu l'harmonie des tons ; elle était à peine terminée qu'une inondation envahit le couvent et commença à la détruire ; les moines établirent, à côté du réfectoire, une cuisine qui, de sa fumée, salit longtemps la peinture, et ils percèrent dans la muraille une porte qui supprima les pieds du Christ.

A la fin du siècle dernier, le couvent devint une caserne et le réfectoire un corps de garde. La cène eut fortement à souffrir des nouveaux hôtes de Sainte-Marie des Grâces ; mais les outrages les plus cruels lui ont été infligés par les restaurateurs qui ont couvert de peintures nouvelles et rafraîchi tous les apôtres. Les physionomies puissantes sur lesquelles avait longuement médité le peintre philosophe ont perdu leur délicatesse et leur énergie ; les détails et les nuances de la cène ne peuvent être appréciés ; mais l'ensemble se voit encore. A une certaine distance de la muraille, la composition se montre pleine de mouvement et d'harmonie. Les convives du mystique banquet sont entourés d'une vapeur légère qu'un souffle va dessécher. Si le spectateur attiré s'approche, il ne voit plus que des figures repeintes et confuses. L'œuvre du maître est comme une vision qui s'évanouit quand on veut la saisir. Ce rêve fugitif ne tardera pas à s'effacer lui-même, et bientôt disparaîtra à jamais une des œuvres les plus parfaites qu'ait produites le génie humain.

LETTRE VINGT-QUATRIÈME.

—

Turin, juin 1863.

Milan, maître de lui-même, est appelé à un développement considérable ; placé au milieu d'un pays d'une rare fertilité, il deviendra le centre commercial d'un territoire où abondent la soie, le riz, la vigne et les plus riches productions du sol. Des chemins de fer nombreux qui mettent la capitale lombarde en communication rapide avec les provinces du Nord et du Midi et les ports de l'Adriatique et de la Méditerranée, augmenteront encore la prospérité qu'elle doit à son heureuse situation, et en feront l'entrepôt naturel du grand commerce de la haute Italie.

Une voie ferrée relie Milan à Gênes ; elle a été, dans la partie comprise entre Alexandrie et la mer, d'une exécution très-difficile ; commencée et finie par le gouvernement sarde, au milieu des circonstances les plus graves, elle a coûté environ 800,000 francs par kilomètre. Les travaux d'art, les tunnels et les ponts y abondent. Elle traverse une haute et large montagne avant d'atteindre Gênes, et s'arrête à peu de distance de la mer. Un chemin américain joint le port à la gare, et les vaisseaux remplacent les wagons. Gênes, vue de la mer, présente un aspect admirable. Sa situation et celle de Naples ont entre elles une grande ressemblance. Toutes deux sont bâties au fond d'un golfe et s'étendent en demi-cercle le long du rivage. A Gênes comme à Naples, les maisons échelonnées sur une montagne disposée en hémicycle forment les gradins d'un vaste amphithéâtre ; disséminées sur les hauteurs, elles se pressent et composent des groupes serrés en approchant du rivage. La ressemblance s'arrête à la ville. Le golfe de Gênes n'a pas le charme incomparable qui fait de la rade napolitaine un des plus beaux spectacles du monde.

Une enceinte fortifiée protége la ville ; elle est si vaste qu'elle renferme plusieurs montagnes sur lesquelles sont de grandes et belles maisons de plaisance. Entourée d'une immense ceinture, Gênes occupe un étroit espace. Ses rues sont en général petites et tortueuses, et beaucoup n'ont pas plus de six pieds de largeur. Il en est cependant quelques-unes de spacieuses et belles, deux surtout sont remarquables : elles sont bordées de ces vastes et somptueux palais en marbre qui ont valu à Gênes le surnom de *la superbe*. Ce n'est pas dans ces rues magnifiques que se porte la foule ; elle s'agite affairée et bourdonnante dans les quartiers qui touchent au port. Là se traitent les opérations commerciales et se croisent toutes les races qui naviguent sur la Méditerranée. Des femmes au costume pittoresque passent souvent au milieu des groupes des spéculateurs et des marins; elles portent un long voile blanc appelé *mezzaro*, dont elles s'enveloppent la tête et la taille; la mantille espagnole n'est pas plus élégante, et elle est moins gracieuse et moins légère.

La population virile est vigoureuse et hardie ; elle est animée des sentiments les plus patriotiques, et s'est jetée avec passion dans le mouvement qui entraîne l'Italie vers l'unité. C'est de Gênes qu'est parti le chef des Mille pour l'épique guerre des Deux-Siciles, et il y a conservé une grande popularité. Nulle part n'est plus vif le désir de voir les destinées italiennes s'accomplir à Rome, et aucune ville ne demande avec plus d'ardeur que Venise vienne prendre sa place dans la patrie commune. Le temps a emporté les rivalités : à la haine que la république jalouse ressentait jadis pour la reine de l'Adriatique, a succédé le dévouement et l'amour de la ville libre et heureuse pour sa sœur opprimée et déchue.

Gênes est la dernière ville de la Péninsule où j'aie vu dans toute son expression l'animation et la vie italienne : en la quittant, je suis allé à Turin, la capitale provisoire reléguée au pied des Alpes. Elle est régulière et triste; elle est percée de rues larges et droites, dans lesquelles sans nul obstacle souffle le vent en hiver et brûle le soleil en été. Turin présente l'aspect qu'auront un jour toutes les grandes villes d'Europe quand elles auront été rectifiéeset alignées par leurs édiles. Elle est construite sur un plan d'une correction irréprochable, mais d'une insipide monotonie. On comprend, en la voyant, l'impression que produit sur les imaginations méridionales cette ville géométrique, et l'on s'étonne moins de la ténacité que le député napolitain Riccardi met à demander, à la fin de tous ses discours, que la capitale soit transférée à Naples.

Turin forme un froid et médiocre tableau, mais il est entouré par un cadre admirable : il est dominé par de hautes et pittoresques montagnes que la neige couvre encore, et dont les cimes blanches se perdent dans un ciel bleu superbe. La ville renferme une population qui semble faite à son image. Le feu, l'entrain et cette verve de gaieté et de belle humeur qui éclate dans l'Italie méridionale, et centrale et jusqu'à Gênes et Milan, ne se retrouvent pas en ses habitants; ils sont sérieux et graves, et ont un peu de cette roideur que donnent la vie et les habitudes militaires. Ils cachent sous cette attitude extérieure de hautes qualités morales et les vertus qui font les grands peuples; ils sont honnêtes, intelligents et braves, et ont un égal respect pour l'ordre et pour la liberté. Ils étaient dignes d'être les initiateurs de la vie nouvelle qui a ranimé et régénéré la Péninsule. Les habitants de Turin, partisans actifs et dévoués de l'unité italienne, montrent dans le sentiment patriotique qui les pousse vers Rome une noble abnégation; ils savent que leur ville perdra toute son importance en cessant d'être la capitale, et ils sollicitent ardemment une déchéance qui doit faire la grandeur et la prospérité de la patrie.

Ils sont fidèles à la politique généreuse que suit le Piémont depuis quinze ans; il n'est pas de sacrifice que ce petit et vaillant pays n'ait accompli pour mener à bonne fin la grande œuvre de la renaissance italienne : il a donné, sans compter, son argent et ses soldats, et il a exposé jusqu'à son indépendance pour délivrer la patrie commune de la domination étrangère et de la servitude. A Novarre, il a succombé en combattant pour l'Italie; il a pour elle en Crimée, gagné l'appui de la France, et il l'a représentée seul au congrès de Paris. Le budget de l'État s'est épuisé, pendant la période laborieuse qui s'est écoulée de 1848 à 1859, à former et à entretenir une armée qui pût être opposée aux nombreuses légions de l'Autriche.

Le Piémont était alors le bras et le cerveau de l'Italie. Les jeunes gens fuyant une conscription abhorrée accouraient de toute part pour s'enrôler dans les troupes sardes, et l'élite pensante du pays, les écrivains, les politiques, les poëtes, se rendaient à Turin comme dans un champ d'asile national, et venaient vivre dans la seule partie de la Péninsule où il fût permis de se dire et de se montrer Italien. Les hommes à l'esprit indépendant et fier qu'éloignait de leur terre natale la haine de la tyrannie, formaient comme une représentation constante des populations au milieu desquelles ils avaient vécu; ils étaient les députés du malheur et de l'oppression auprès du prince qui recueillait les cris de douleurs de l'Italie. Ils ne recevaient pas dans le royaume de Sardaigne une hospitalité étroite et banale, ils y trouvaient une véritable patrie. Ces Piémontais à l'esprit froid et grave les accueillaient en frères malheureux, et les naturalisaient citoyens. Tous les foyers leur étaient ouverts, depuis la maison du simple particulier jusqu'au palais du roi.

Les exilés, qu'ils arrivassent de Naples, comme le brave Pepe, de Rome, comme le poëte Mamiani, ou de Venise, comme le savant Paleocopa, devenaient les fils adoptifs de la haute Italie; pour être les derniers venus de ses enfants, ils n'étaient pas les moins aimés; un collége électoral les envoyait au palais Carignan, et Victor-Emmanuel les faisait ambassadeurs et ministres. Les Piémontais applaudissaient à des choix qu'aurait pu blâmer un vulgaire esprit municipal, et ils exaltaient l'intelligente initiative du roi qui groupait autour de lui toutes les forces de la nation. Les Italiens du Midi devraient aujourd'hui s'inspirer des exemples de noble abnégation que, dans cette phase de l'histoire contemporaine, donnèrent leurs compatriotes du Nord, et attendre sans jalouse impatience que s'accomplissent à Rome les destinées du nouveau royaume.

La noble conduite du Piémont eut les plus heureux résultats. Les parties abdiquèrent entre les mains d'un gouvernement libéral et fort qui portait si haut le drapeau de l'indépendance; l'unité s'accomplissait moralement avant d'être proclamée par les votes, et quand la fortune des armes permit aux peuples de manifester leurs volontés, les annexions étaient faites dans les cœurs. Avant que d'unanimes suffrages ne l'eussent appelé à régner, Victor-Emmanuel était, par les vœux de tous, le roi des duchés et des légations, comme il est aujourd'hui, par les plus ardentes aspirations du peuple, le souverain de Rome et de Venise (E). Les Italiens ont trouvé dans la maison de Savoie le rédempteur que Machiavel demandait, il y a plus de trois siècles, à la race des Médicis, et ils ont fait au héros si longtemps attendu l'enthousiaste accueil que, dans un lyrique langage, le vieux Florentin promettait au prince qui se dévouerait au salut de la patrie. Ils ont tenu la parole qu'avait donnée pour eux leur grand politique, et l'Italie a été faite.

La création du nouveau royaume a valu à Turin une soudaine et passagère importance. Les habitants ont conservé leur caractère grave et calme, mais la capitale provisoire italienne a pris une animation et une vie que ne connaissait pas l'ancienne capitale de l'État sarde. La population a rapidement augmenté, et la ville, trop vaste autrefois, suffit à peine à loger ses nouveaux hôtes. Au monde officiel qui vit à Turin, à l'émigration vénitienne et romaine qui y trouve la plus honorable hospitalité, et aux gens affairés qu'attire toute grande cité, s'ajoute, en ces temps, une foule jeune et brillante venue de toutes les provinces italiennes. Une société patronnée par le gouvernement a établi un tir national, et elle a appelé à l'inauguration de cette martiale institution des représentants de toutes les villes de la Péninsule. Sa devise est *Union et Force.*

De nombreuses députations sont accourues pour prendre part au noble jeu qui promet à la patrie d'énergiques défenseurs; dans toutes les rues de la ville et sous les arcades qui les bordent, on rencontre des groupes d'alertes et beaux jeunes gens, qui, la carabine sur l'épaule, se rendent gaiement aux salles préparées pour les exercices du tir. Leur allure guerrière annonce que d'un meilleur pas encore ils marcheraient vers ces rives du Mincio, où campe l'éternel ennemi de leur pays; et leur juvénile ardeur pare d'une grâce inaccoutumée la symétrique et sévère ville piémontaise. Ils sont reçus dans une vaste enceinte ornée de drapeaux et de trophées d'armes, et très-habilement disposée pour le tir. Les honneurs de la fête, qui doit durer plusieurs jours, sont faits par les gardes civiques; ils accueillent avec la plus charmante politesse les nombreux visiteurs qui viennent assister à cette patriotique assemblée. Un discours adressé au prince Humbert, président de l'institution, a ouvert le martial congrès. L'orateur était un général; il a eu le bon goût de parler de la liberté et des vertus qu'elle engendre, en des termes qu'on ne rencontre pas fréquemment dans les allocutions militaires. La fête d'inauguration s'est terminée par un feu d'artifice; elle aurait ressemblé aux réjouissances officielles célébrées en toute capitale, si, sur la place où se pressait une joyeuse population, on n'eût entendu des groupes nombreux faire, du souverain, des éloges qui ne retentissent pas dans les foules de tous les pays.

Peu de jours avant la fête des armes, Turin avait célébré une solennité pacifique. L'exposition des œuvres des peintres et des sculpteurs contemporains avait été ouverte avec les pompes administratives, que ne peut refuser aux arts la capitale de cette Italie qui leur doit sa gloire la plus incontestée et la plus belle. Des tableaux qui révèlent un talent sérieux sont mêlés à des peintures médiocres, mais les sujets choisis par les artistes frappent plus le spectateur que l'habileté de l'exécutant ou sa faiblesse. L'exposition de Turin est toute pénétrée de l'esprit qui anime l'Italie, et la fête de la Paix est devenue une manifestation politique et guerrière. Les peintres n'ont pu échapper aux passions dont frémissent leurs concitoyens, et ils les ont traduites en des scènes d'une allégorie transparente. La plus grande partie des tableaux, ceux qu'entoure le plus la foule, représentent des épisodes des dernières luttes de l'indépendance, des allusions à Venise captive et des attaques contre le gouvernement temporel du pape. Le pinceau est une arme entre les mains des maîtres italiens, et il leur sert à porter des coups qui ne manquent ni de justesse ni d'énergie.

Les sculpteurs sont émus des mêmes sentiments que les peintres, et c'est dans l'histoire présente qu'ils ont cherché des inspirations. Les salles de l'exposition contiennent des marbres et des bronzes, où mieux que dans les tableaux sont conservées les traditions du grand art; mais c'est sur les places publiques de la ville que l'on peut surtout voir et admirer les œuvres des sculpteurs modernes. Turin, qui a donné l'hospitalité aux proscrits vivants, a élevé des statues aux grands morts de la cause italienne, et a dressé des monuments qui racontent les efforts héroïques accomplis pour arriver à la délivrance de la patrie. Le général Pepe revit dans un bronze énergique; il foule fièrement aux pieds l'ordre du roi Ferdinand qui le rappelle à Naples. Une statue colossale de Vela est un chef-d'œuvre et un enseignement patriotique : elle représente un soldat piémontais qui entre à Milan; il tient à la main le drapeau de l'Italie; en disant la tâche accomplie, le soldat montre celle qu'il reste à tenter. Milan a été la première étape du drapeau libérateur; il faut que les deux dernières soient faites. L'œuvre de la régénération ne sera terminée et ne sera durable que le jour où sur le palais des doges et sur le Capitole flottera la bannière italienne. La force mise au service du droit peut la porter à Venise, le droit seul doit la porter à Rome.

Quand ce grand acte de justice sera réalisé, Turin aura rempli sa mission, et elle reprendra la place secondaire d'où, depuis quinze ans, l'ont tirée les vertus de ses citoyens et les événements de l'Europe; mais la ville qui a initié un peuple à la liberté, qui a mis une indomptable énergie à faire proclamer sa déchéance, restera grande dans l'histoire, et son nom dans la mémoire des hommes sera entouré de la glorieuse auréole que donnent le dévouement et le sacrifice.

Quelques heures séparent Turin de la frontière, et près de la capitale finit l'Italie. Le voyageur qui a longuement parcouru cette noble terre, ne peut la quitter sans tristesse; en s'éloignant d'elle, il dit avec le poëte italien : « Heureux celui qui n'a jamais abandonné le doux pays natal, il ne laisse pas son cœur attaché à des objets qu'il n'a pas l'espérance de revoir, et il ne pleure pas comme mort ce qui vit encore. »

E quel che vive amor, morto non piange.

NOTES.

(1) Voir *la Camorra*, par Marco Monnier ; un vol. in-18, Paris, Michel Lévy frères.

(B) « François IV, par la grâce de Dieu, duc de Modène, Reggio, et archiduc d'Autriche, prince de Hongrie et de Bohème;
» Considérant la nécessité toujours croissante de mesures plus efficaces que celles actuellement existantes pour préserver nos sujets bien aimés de la contagion morale qui, par le moyen si facile de la presse, venue de pays même lointains, fait chaque jour de nouveaux ravages; tandis qu'en même temps la faculté de lire se répand et accroît ainsi le nombre des personnes exposées au danger, bien que privées d'instruction suffisante pour le distinguer et en éviter les pernicieuses conséquences;
» Nous nous sommes déterminé à prendre de nouvelles mesures pour garantir nos sujets bien aimés de cette horrible contagion, de telle sorte qu'à des signes extérieurs ils puissent reconnaître

celles des productions de la presse dont ils ne doivent craindre la séduction ni pour eux ni pour leurs enfants, certains ainsi qu'elles ne contiendront rien de contraire à notre sainte religion, aux princes et aux bonnes mœurs;

» Voulant pourtant que ces mesures n'entravent pas la circulation des livres réellement utiles et instructifs, avons ordonné et ordonnons ce qui suit :

» Article 1er. — Il sera établi une commission de censure, composée d'un nombre égal d'ecclésiastiques et de laïques. Tous les censeurs seront nommés par nous; mais les censeurs ecclésiastiques le seront d'accord avec les évêques diocésains.

» Art. 2. — Nous confions la surveillance de la censure à notre département de la haute police. A cet effet, il sera formé, près de ce ministère, une section qu'on appellera bureau de surveillance et de censure. Tous les censeurs dépendront de ce bureau et de notre conseiller d'État chargé de ce département. Les cas douteux seront soumis audit conseiller d'État, qui les résoudra lui-même ou les renverra aux tribunaux lorsqu'il jugera que l'affaire est de leur compétence.

» Art. 3. — Tout censeur est garant de la pureté des doctrines contenues dans les livres soumis à son visa, comme les notaires le sont de la réalité des actes munis de leur signature et de leur sceau. A cet effet, tout censeur sera muni d'un timbre. Les livres seront marqués à leur première et dernière page, d'un double timbre, constatant le visa du censeur ecclésiastique et du censeur laïque : le premier pour ce qui regarde la religion, le second pour ce qui regarde le prince et les bonnes mœurs. Les censeurs devront refuser leur visa à tout livre dans lequel ils entreverront une tendance générale au mal, ou tout livre qui tendrait seulement à exciter dans l'esprit des lecteurs la propension au mal, sans leur causer aucun autre avantage réel, encore que l'on ne puisse particulièrement signaler les propositions intrinsèquement condamnables.

» Art. 4. — Tout mauvais livre sera remis au bureau de surveillance.

» Art. 5. — Tout possesseur d'un livre sera libre de choisir celui des censeurs auquel il désirera en confier l'examen. Si le censeur qu'il aura désigné refuse, le bureau de surveillance nommera d'office.

» Art. 6. — Les propriétaires de livres ne seront obligés de les soumettre à la censure que lorsqu'ils auront l'intention de les mettre en circulation, c'est-à-dire de les faire sortir de leur maison par vente, donation, échange, ou de quelque autre manière que ce soit, ou de les donner en lecture, fût-ce même dans leur propre maison.

» En conséquence, à dater du 1er janvier 1829, quiconque mettra en circulation un livre ancien ou moderne, non muni des timbres de la censure, encourra l'amende de 4 livres italiennes par volume, outre la confiscation du livre. Encourra la même peine quiconque gardera un volume dans lequel auraient été intercalés des morceaux imprimés ou manuscrits après l'apposition du sceau des censeurs. Sera puni d'une amende de 100 livres et de un à six mois de prison quiconque aura fait une pareille intercalation. La contrefaçon des timbres censoriaux pourra entraîner la peine des galères.

» Art. 7. — Défense d'imprimer aucun livre non muni des timbres de la censure, ce qui n'empêche pas qu'après l'impression permise, aucun exemplaire ne pourra être mis en circulation s'il n'est pas également timbré.

» Art. 8. — Les propriétaires des livres réprouvés par la censure, lorsqu'ils les présenteront volontairement aux censeurs, recevront en échange, du bureau de surveillance, un nombre égal de volumes en ouvrages de saines maximes pris dans les magasins du gouvernement.

» A partir de la publication de la présente loi, une année est accordée aux libraires et aux marchands et négociants pour déposer dans les magasins des douanes tous les livres qui se trouvent dans leurs boutiques ou dans leurs magasins, à l'effet de réexpédier ces livres à l'étranger, si la censure n'en permet pas la circulation. Il en est de même des livres qui se trouvent en ce moment aux douanes.

» Art. 9 et 10. — Ces articles déterminent la forme du timbre et la perception d'une taxe annexée au timbre. La taxe pour chaque volume timbré est de 16 centimes. Les livres de piété, les bréviaires, les missels, seront timbrés gratuitement.

» Art. 11. — Cet article concerne les feuilles périodiques. Il n'est permis de s'abonner à un ouvrage périodique, littéraire ou autre qu'après avoir demandé et obtenu la permission du bureau de censure, qui enverra la note des permissions accordées aux inspecteurs des postes de Modène et de Reggio, lesquels seuls pourront faire les abonnements et surveilleront la distribution de tout écrit périodique.

» Donné à Modène, dans notre palais ducal, le 29 avril 1828.

» François. »

(c) *Italia*, par Th. Gautier, page 265 et suivantes.

(d) *De Paris à Venise*, notes au crayon, par Ch. Blanc, p. 45.

(e) Les Romains et les Vénitiens manifestent, par les démonstrations les plus touchantes, leur vif et constant désir d'avoir pour roi Victor-Emmanuel. Les sujets malgré eux du pape ont fait parvenir à Turin une adresse couverte de signatures; dans cette pièce qui, mieux qu'un vote, dit la volonté nationale, ils rendent foi et hommage au roi d'Italie. Aux fêtes de Noël de 1858, Venise envoya à Victor-Emmanuel un superbe bouquet de fiançailles; une poésie charmante d'Aleardo-Aleardi, de Vérone, accompagnait les fleurs, et, au bas des vers, les dames vénitiennes avaient écrit leurs noms. Voici les vers :

>Venezia ai giorni audaci gloriosi
>Dall' aureo vascello
>Al mare, al piu infidele degli sposi
>Affidava l'anello;
>Ora soletta, povera, fremente,
>Da dieci anni amorosa
>Al piu fedel dei Re, segretamente
>Il mazzo invia di sposa.

« Venise, aux jours d'audace et de gloire, du haut du vaisseau doré, au flot, le plus infidèle des époux, confiait son anneau; maintenant seule, pauvre, frémissante, depuis dix ans amoureuse, au plus fidèle des rois elle envoie secrètement le bouquet d'épouse. »

FIN.

TABLE.

		Pages
INTRODUCTION	. . . .	v
LETTRE I......	— PALERME : Aspect général de la ville; population	1
LETTRE II.....	— PALERME : Climat; promenades; conversations; casino Nuovo; Aspromonte; cimetière du couvent des capucins; Montreale.	14
LETTRE III....	— PALERME : Procès des *poignardeurs* . . .	29
LETTRE IV....	— PALERME: Suite du procès des *poignardeurs*	44
LETTRE V.....	— PALERME: Situation politique de la Sicile; les divers partis.	47
LETTRE VI....	— NAPLES : Aspect général de la ville; caractère des habitants; le chevalier Pilone; Meeting.	57
LETTRE VII...	— NAPLES : Le carnaval à Naples; la duchesse de Gênes; le brigandage.	67

	PAGES
Lettre VIII.. — Naples : Améliorations matérielles et morales; la Camorra; les lazzaroni et le miracle de saint Janvier; les divers partis	75
Lettre IX... — Naples : Environs de la ville; les îles; Pompéi.	87
Lettre X.... — Rome : Chemin de fer; la ville moderne; la ville antique; le Capitole; le Colysée; caractère des Romains.	97
Lettre XI.... — Rome : Fêtes religieuses et mondaines; la chapelle Sixtine; église de la Minerve; un consistoire; *ricevimento* des cardinaux; *ricevimento* des ambassadeurs; dimanche des Palmes	109
Lettre XII... — Rome : Cérémonies de la semaine sainte à Saint-Pierre; le *Miserere*; la Cène; hospice des pèlerins; bénédiction papale; les billets de communion	123
Lettre XIII.. — Rome : Guérisons miraculeuses; le zouave de Castelfidardo; Sainte-Agnès; anniversaire du retour de Gaëte; illuminations; occupation française; le comité national.	137
Lettre XIV.. — Florence : Aspect général de la ville; vieux palais; église de Santa-Croce; Sainte-Marie des Fleurs.	149
Lettre XV... — Florence : Inauguration d'un nouveau théâtre; nouveaux quartiers; les partis; les Vaudois; l'église évangélique; M. Gavazzi.	159
Lettre XVI.. — Bologne : Arcades; caractère des habitants; enthousiasme militaire; garde nationale.	171

Lettre XVII.. — Bologne : Les Carrache et leur école; ancienne Université; le Campo-Santo; le moine Ugo Bassi fusillé par les Autrichiens 189

Lettre XVIII. — Parme : Ses anciens maîtres; le duc de Modène; ses prisonniers; son armée; aspirations des populations à l'unité . . 197

Lettre XIX.. — Parme : Le Corrège; ses œuvres; sa vie et sa mort malheureuses. 213

Lettre XX... — Mantoue : Campagne virgilienne; la place forte; les soldats et les habitants; le *Journal des Débats*; les Gonzague et Jules Romain; le palais du T 225

Lettre XXI.. — Venise : La place Saint-Marc; la Piazzetta; le grand canal; les palais; les églises; l'Académie des beaux-arts. 243

Lettre XXII.. — Venise : Morne aspect de la ville; ses aspirations et ses haines; Manin; les Autrichiens; le comité national; suicide moral 267

Lettre XXIII. — Milan : Route de Venise à Milan : Padoue, Vérone, Brescia; l'arc de la Paix; popularité de l'armée; le colonel Nullo; les journaux; Léonard de Vinci. 289

Lettre XXIV. — Turin : Régularité de la ville; caractère des habitants; leurs généreux sacrifices; l'Italie à Turin; le tir national; exposition des beaux-arts; la statue de Vela. . 307

Notes. 319

www.ingramcontent.com/pod-product-compliance
Lightning Source LLC
Chambersburg PA
CBHW070946180426

43194CB00041B/1143